A NOVA LDB

RANÇOS E AVANÇOS

COLEÇÃO
MAGISTÉRIO: FORMAÇÃO E TRABALHO PEDAGÓGICO

Esta coleção que ora apresentamos visa reunir o melhor do pensamento teórico e crítico sobre a formação do educador e sobre seu trabalho, expondo através da diversidade de experiências dos autores que dela participam um leque de questões de grande relevância para o debate nacional sobre a Educação.

Trabalhando a partir de duas vertentes básicas — magistério/formação profissional e magistério/trabalho pedagógico — os vários autores enfocam diferentes ângulos da problemática educacional, tais como: a orientação na pré-escola, a escola de 1º grau: currículo e ensino, a escola no meio rural, a prática pedagógica e o cotidiano da escola, estágio supervisionado, didática do ensino superior etc.

Esperamos assim contribuir para a reflexão dos profissionais da área de educação e do público leitor em geral, visto que neste campo o questionamento é o primeiro passo na direção da melhoria da qualidade do ensino, o que afeta a todos nós e ao país.

Ilma P. Alencastro Veiga
Coordenadora

PEDRO DEMO

A NOVA LDB
RANÇOS E AVANÇOS

PAPIRUS EDITORA

Capa: Fernando Cornacchia
Foto: Rennato Testa
Copidesque: Mônica Saddy Martins
Revisão: Lúcia Helena Morelli

Dados Internacionais de Catalogação na Publicação (CIP)
(Câmara Brasileira do Livro, SP, Brasil)

Demo, Pedro, 1941-
A nova LDB : Ranços e avanços / Pedro Demo – 3ª ed.
Campinas, SP : Papirus, 1997. (Coleção Magistério: Formação e Trabalho Pedagógico).

Bibliografia.
ISBN 85-308-0448-1

1. Educação – Leis e legislação – Brasil I. Título II. Série.

97-0931 CDD-370. 2681

Índices para catálogo sistemático:

1. Diretrizes e Bases da Educação Nacional : Lei Darcy Ribeiro : Brasil 370. 2681
2. Lei Darcy Ribeiro : Diretrizes e Bases da Educação Nacional : Brasil 370. 2681

Para Deralnísia, Dorcenísia e Deralúcia, ou Guinha, Doré *e* Dui, *porque são um exemplo completo do bom entendimento e da boa educação.*

SUMÁRIO

INTRODUÇÃO[1]

Temos como objetivo estudar a nova *Lei de Diretrizes e Bases* (LDB) — Lei Darcy Ribeiro — sancionada em dezembro de 1996 (lei nº 9.394, de 20/12/1996, publicada no *Diário Oficial* da União a 23/12/1996, Seção I), depois de um parto interminável e em meio a algumas satisfações e muitas insatisfações. Entre estas há também aquelas de estilo corporativista, voltadas a entupir a Lei com todas as possíveis defesas das classes[2] e instituições, e que não levaremos em conta. Já basta o fato inacreditável de a Constituição ter acolhido, mesmo no último capítulo (Das Disposições Constitucionais Gerais), no Art. 242, § 2º, que o "Colégio Pedro II, localizado na cidade do Rio de Janeiro, será mantido na órbita federal". Sem discutir o pleito em si, o fato de fazer parte do texto constitucional depõe contra a qualidade da norma, porque a torna objeto de toda pressão imaginável.

1. Este texto foi concluído dois dias antes de o Senador Darcy Ribeiro falecer a 16 de fevereiro de 1997. A referência abundante feita a ele foi mantida assim mesmo, como se ainda estivesse vivo, a título de homenagem a esse mestre incomparável.
2. O termo "classe" significa aqui apenas a denominação de categorias profissionais, como professores, donos de entidades educacionais etc., que queriam resguardar na Lei seus interesses particulares.

Conseguiu-se evitar isso na nova LDB, por força da presença do Senador Darcy Ribeiro, possibilitando uma Lei com número de artigos abaixo dos 100 (92 ao todo). Num país que tem muitas leis para não serem cumpridas, sobretudo na esfera da educação, falar pouco é garantia de não aumentar as bobagens, além de fugir das prolixidades usuais nessa parte. Nesse sentido, ao lado de *ranços* que a Lei preserva, há *avanços* incontestáveis, que vão — em grande parte — por conta da mão do Senador Darcy Ribeiro, freqüentemente mal interpretado como "interventor", por ter intercalado no processo decisório sua proposta oriunda do Senado.

Sobre as insatisfações que a Lei deixou ou manteve, diga-se ainda que toda Lei importante sofre, no Congresso, inevitavelmente sua marca histórica própria, sobretudo a interferência de toda sorte de interesses, muitas vezes pouco "educativos". A comparação com alguns textos legais considerados muito avançados, como o Estatuto da Criança e do Adolescente (ECA), não cabe, porque o peso normativo é muito diverso: o ECA conseguiu manter um discurso pretensamente avançado, apenas porque não toca em relações fundamentais como o comprometimento da esfera econômica. O fundo nele previsto é voluntário, precisamente para poder passar com um texto bonito. Nesse sentido, não vai muito além de "enfeitar" o regime, legitimando verbalmente o que na realidade não é atingido. Passados mais de seis anos de sua aprovação, o ECA na prática ainda não entrou em vigor, e, onde entra, esvai-se em atividades residuais que, por definição, não podem comprometer orçamentos respeitáveis nem atingir relações de mercado vigentes.

Já a LDB é uma lei "pesada", que envolve muitos interesses orçamentários e interfere em instituições públicas e privadas de grande relevância nacional como escolas e universidades. Não teria qualquer condição de passar com um texto "avançado", no sentido de ser a "lei dos sonhos do educador brasileiro". Como o Congresso Nacional é sobretudo um "pesadelo", as leis importantes não podem deixar de sair com sua cara, e são, pelo menos em parte, também um pesadelo. Lei realmente "boa" só pode provir de um Congresso "bom". Não é, obviamente, nosso caso, pelo menos por enquanto.

Nesse sentido, a "interferência" do Senador Darcy Ribeiro poderia ser acolhida como providencial, sem com isso alegar que suas idéias sobre educação devam ser cânone nacional. Dizemos exatamente o contrário: o Senador é antes de tudo uma pessoa polêmica, nisso também reconhecida como muito criativa e atualizada, mas, no outro lado da mesma medalha, igualmente ligada a certas posições questionáveis, naturalmente. No capítulo dedicado à "mão do Senador", podemos aquilatar melhor sua presença nessa Lei, e faremos também anotações críticas. Em todo caso, sua contribuição estaria menos na defesa de idéias próprias, muitas delas pertinentes, do que no direcionamento imprimido ao processo legislativo com respeito a um texto mais enxuto, em muitos tópicos lacônico, mas também por isso mais fácil de ser aprovado sem maiores monstruosidades e certamente *mais flexível*. Ademais, ficou bem para o texto ter a chancela de um dos congressistas mais comprometidos com a educação.

Algumas cautelas sobre nosso estudo precisam ser expressas:

a) em primeiro lugar, não pretendemos fazer análise de especialista da área, que não somos a rigor, mas exatamente o inverso: o olhar de um interessado, que tem trabalhado intensamente na área, mas ainda guarda um pouco da visão "de fora";
b) em segundo lugar, buscamos uma análise crítica, num campo intermédio entre apenas aceitar ou apenas rejeitar a Lei; há ranços, como há avanços, ainda que, no fundo, tenhamos a opinião de que os ranços continuam predominando;
c) daremos particular ênfase à discussão em torno do papel da educação no mundo de hoje, retratado de modo muito pálido na Lei, embora haja componentes também alentadores; educação não pode ser panacéia, já que qualquer enfoque isolado da realidade é sempre parcial e deturpante, mas é o "eixo" em torno do qual giram as transformações modernas, agindo como referência matricial da pesquisa e da intervenção na realidade;
d) como balizamento do futuro do país, a Lei expressa com grande timidez a potencialidade da educação, entre outras coisas, porque se atém ainda a modelos didáticos totalmente superados, perante as atuais tendências da aprendizagem, ao lado de conferir a entidades e componentes mais ou menos caducos um papel que não possuem mais;

e) por fim, o que se diz aqui, vale o quanto pesa, nem mais nem menos; a Lei, por si só, merece toda a atenção, por tratar de assunto decisivo para as novas gerações, bem como para o desenvolvimento da sociedade e da economia; entretanto, cada analista imprime seu modo de ver, que será um entre tantos outros também possíveis, e eventualmente até mais acertados.

Tomamos como hipótese principal de trabalho que a LDB não é propriamente inovadora, se entendemos por inovação a superação pelo menos parcial, mas sempre *radical*, do paradigma educacional vigente, ou ainda se a entendemos como estratégia de renovação dos principais eixos norteadores.[3] Contém, porém, dispositivos inovadores e sobretudo — para usar o modismo econômico atual — *flexibilizadores*, permitindo avançar em certos rumos. Tomando um exemplo concreto, ao introduzir a idéia importante de formação superior para os professores básicos, juntamente com a dos institutos superiores de educação e do curso normal superior, não deixa de manter o sistema atual. Assim, para quem não quer mudar, tudo permanece como está. Mas, para quem pretende mudar, abre-se uma avenida promissora.

O estilo de análise aqui adotado é *transversal*. Significa que privilegiamos temas importantes tocados na Lei, sem seguir necessariamente a ordem de seus capítulos ou os níveis e as partes dos sistemas. Mais do que a letra, interessa-nos a "filosofia de fundo", que perpassa o texto inteiro. Não temos pretensão de forjar exegese legal nem de substituir a visão pedagógica, essencial para compreender essa Lei. Permanecemos na posição de analista plantado na sociologia, embora sempre interdisciplinar.

Para iniciar a discussão, mostraremos alguns pontos de flexibilização da Lei, introduzidos, como regra, pela mão do Senador.

---

3. Não vamos aqui assumir uma discussão específica sobre o que seria "inovação". Por hipótese, partimos do conceito sociológico de transformação social, que tende sempre a contemplar nele alguma forma da radicalidade, pelo menos parcial. Inovar é mais do que adaptar, introduzir flexibilidade organizativa, abrir caminhos. É sobretudo fazer caminhos novos. É óbvio que num Congresso arquiconservador como o nosso, esse alcance estaria fora de cogitação. O traço mais visível da Lei, assim, parece-nos seu intento flexibilizador. Nisso é razoavelmente inovadora, mas dentro dos limites do sistema vigente. Sociologicamente falando, inovação *stricto sensu* ocorre apenas quando se transpõem os limites do sistema, pelo menos parcialmente.

1
LEI SIM, RÍGIDA NÃO, OU A MÃO DO SENADOR

Uma das marcas mais claras do Senador Darcy Ribeiro sempre foi sua "rebeldia", algo essencial para um educador que vive de aprender. É difícil enquadrar essa figura em qualquer paradigma, porque sempre lhe deu fastio imaginar-se paradigmático e impor paradigmas aos outros. Talvez o estereótipo que mais o marcou foi a escola de tempo integral (Paro *et al.*, 1988; Ferretti *et al.,* 1991, pp. 5-17), apenas em parte bem-sucedida no estado do Rio de Janeiro e bastante amarrotada após a experiência intempestiva de Collor. Este decidiu impô-la ao país inteiro (disse uma vez que iria construir cinco mil). Como foi, porém, um programa de construção e não propriamente de educação, foi murchando na direção da atenção integral, em vez de tempo integral, e hoje praticamente não existe como proposta oficial, a não ser nas experiências locais, cercadas de todos os problemas imagináveis, a começar pela difícil manutenção e dotação de docentes capazes para a tarefa.

Nessa Lei, a formulação é branda, mostrando o caminho futuro para a escola de tempo integral como algo que a sociedade irá naturalmente exigir. No Art. 34, ao falar da jornada escolar, estabelece pelo menos quatro horas de trabalho efetivo em sala de aula, "sendo progressivamente ampliado o período de permanência na escola". E no § 2º acrescenta: "O ensino fundamental será ministrado progressivamente em tempo integral, a critério dos sistemas de ensino." Esse tipo de formulação, advindo do maior defensor nacional da escola de tempo integral, mostra com clareza o espírito de abertura, que compreende uma lei mais como indicação de caminhos alternativos do que como um cerco fechado, feito para desincentivar iniciativas. Talvez se pudesse fazer a crítica contrária: o texto ficou brando demais, porquanto, se a ampliação do período de permanência ficar "a critério dos sistemas de ensino", na prática, não temos nenhum critério de ampliação a não ser a boa vontade dos responsáveis. Ao instituir a década da educação, no último capítulo (Das Disposições Transitórias), reaparece o compromisso de conjugar "todos os esforços objetivando a progressão das redes escolares públicas urbanas de ensino fundamental para o regime de escolas de tempo integral" (Art. 87, § 5º). Apesar da ênfase do discurso, certamente não estatui mais do que a exigência de um esforço, permanecendo no âmbito de um compromisso moral apenas.

Assim, temos, no fundo, um problema central relativo ao alcance de uma Lei em educação. É possível cultivarmos pelo menos duas atitudes razoavelmente distintas:

a) predomina naquilo que se diz comumente como "letra da lei" a expectativa de um cerco sem brechas, pois só vale o que está na lei; nada se pode subentender e mesmo interpretar; quanto mais minuciosa a lei, tanto mais proíbe e tanto mais é "lei";
b) podemos, por outra, ir em direção diferente, se acolhermos uma lei como dispositivo motivador, que há de conter parâmetros estabelecidos, mas a serviço da criatividade; apontamos para isso, quando falamos em "espírito da lei", supondo que a letra é algo petrificado, ao passo que o espírito se recusa a ser aprisionado.

A inovação medra em ambientes abertos e que cultivam a abertura. O ideal seria não ter lei nenhuma, ainda que isso fosse socialmente contraditório, porque, à falta de lei explícita, estabelecem-se os códigos naturais de conduta, ainda que tácitos. Não é praticável fazer educação sem modos de fazer historicamente coagulados em normas mais ou menos comuns. Na cabeça do Senador sempre esteve a idéia de uma Lei que não atrapalhe, já que uma lei assim é: de um lado, garante espaços; de outro, fechando-se para outros espaços, começa a atrapalhar. Feita, em si, para inovar, cai na trapalhada de imaginar-se inovadora sem inovar-se.

Desse ponto de vista, uma lei de educação precisa, primeiro, ser curta, para não dizer besteira demais, e, segundo, insistir em propostas flexíveis, para não atrapalhar a vontade de aprender. A LDB tem algo disso, embora tenha predominado o peso histórico dos interesses em jogo. Por exemplo, a timidez na proposta da escola de tempo integral tem algo de visão flexível, mas sobretudo a concessão à rigidez dos esquemas vigentes, sobretudo da visão privada. Já foi um avanço, entretanto, fixar que a duração mínima é de quatro horas, que devem ser aumentadas progressivamente.

O espírito flexibilizador pode ser surpreendido, inicialmente, na parte em que é tratado o "direito à educação e o dever de educar" (Arts. 4º ss), podendo-se ressaltar:

a) a extensão progressiva da obrigatoriedade e da gratuidade ao ensino médio (Art. 4º, II); essa medida respeita também o atraso em que ainda estamos na cobertura, sobretudo qualitativa, do 1º grau, mas já assinala que uma sociedade mais desenvolvida cuida de oferecer para todos o 2º grau;
b) no § 5º do mesmo Art., abre-se a possibilidade de criar "formas alternativas de acesso aos diferentes níveis de ensino, independentemente da escolarização anterior", algo que se pode ver como um tanto exagerado, mesmo em se tratando do 1º grau; de todos os modos, o que a lei quer garantir é o acesso de todos, irrestritamente, como aparece no inciso I, do Art. 4º, ao estabelecer o dever do Estado com a educação escolar pública, garantindo "o ensino fundamental, obriga-

tório e gratuito, inclusive para os que a ele não tiveram acesso na idade própria";

c) o exagero aludido estaria em não levar em conta a escolarização anterior, porque esconde uma pressa descabida: se o aluno não aprendeu, não adianta escamotear isso, porque o maior prejudicado é o próprio aluno; tornou-se comum esse equívoco, sobretudo nos ditos "ciclos básicos", que preferem a mera permanência na escola à aprendizagem efetiva.

Em seguida, podemos visualizar o espírito de abertura na parte que trata da "organização da educação nacional" (Arts. 8º ss), em que aparece um cuidado ostensivo com um estilo flexível de organizar o sistema:

a) o Art. 15 assinala que "os sistemas de ensino assegurarão às unidades escolares públicas de educação básica, que os integram, progressivos graus de autonomia pedagógica e administrativa e de gestão financeira, observadas as normas gerais de direito financeiro público"; por trás desse dispositivo está, certamente, o realismo das dificuldades de implantação de uma idéia ao mesmo tempo avançada e arriscada, sobretudo no manejo de recursos, mas igualmente o apreço pedagógico pela autonomia, sem a qual a educação termina no adestramento;

b) mais importante talvez seja a idéia do "regime de colaboração" entre a União, os estados e os municípios na organização dos respectivos sistemas de ensino (Art. 8º, *caput*); esse tipo de formulação pode sempre ser mal interpretado, no sentido de um empurrar para o outro as responsabilidades, mas é preferível a um sistema rígido com base em hierarquias peremptórias; a possibilidade de má interpretação é o preço da liberdade;

c) nessa rota, à União cabe tão-somente a "coordenação da política nacional de educação", no sentido articulador dos diferentes níveis, além de normativo, redistributivo e supletivo (§ 1º), de tal sorte que "os sistemas de ensino terão liberdade de organização nos termos desta Lei" (§ 2º);

mesmo que essa formulação possa se tornar "letra morta", por conta da tradição centralizadora dos governos federais, não cabe dúvida que, no espírito da lei, procura-se arejar até onde possível os modos de organizar a educação no país; a União tem função importante de coordenação, mas é propriamente supletiva, dando a entender que educação precisa ser resolvida localmente, como, aliás, é praxe em todos os países mais avançados; como se costuma dizer, educação é coisa tão importante que só pode ser bem feita sob as vistas dos interessados diretamente; ou seja, o lugar mais apropriado da organização educacional, no fundo, é o município;

d) no inciso III do Art. 9º, insiste-se no papel de "assistência técnica e financeira aos Estados, Distrito Federal e aos municípios", mormente diante da escolaridade obrigatória (1º grau), "exercendo sua função redistributiva e supletiva"; no inciso I do mesmo Art. já fica evidente igualmente que a União tem por incumbência "elaborar o Plano Nacional de Educação", mas "em colaboração com os Estados, o Distrito Federal e os municípios"; busca-se, assim, de uma parte, estabelecer a necessidade de um plano nacional de educação, para que o país tenha uma estratégia comum e os esforços e recursos possam atuar em direção convergente e cumulativa, mas, de outra parte, isso não poderia significar um trunfo centralizador, que conferisse à União um comando verticalizado;

e) no inciso IV, volta-se a indicar a "colaboração com os Estados, o Distrito Federal e os municípios" no estabelecimento das "competências e diretrizes para a educação infantil, o ensino fundamental e o ensino médio", que nortearão "os currículos e seus conteúdos mínimos, de modo a assegurar formação básica comum"; a linguagem usada aponta, de novo, para a importância de uma formação básica comum, por tratar-se do mesmo país, mas os currículos serão comuns apenas em seus conteúdos mínimos, para que sejam viáveis graus de liberdade; ainda assim, é freqüente a reclamação de que a Lei é muito estrita em termos curriculares na prática, mas, em si, o texto legal é muito mais concessivo do que se imagina; nessa parte, haveria ainda o argumento em favor do caráter comum da formação básica, se lembrarmos que parte dela tem sentido metodológico propedêutico — por exemplo, saber pensar — e que é naturalmente comum, porquanto seria esdrúxulo que houvesse uma lógica sulista e outra nordestina; ainda assim, o texto procura sugerir que, até onde possível, devem existir graus de variação que respeitem os sistemas específicos;

f) já é bem diferente a linguagem usada para o sistema federal como tal, dentro do qual a União tem poder de mando, como aparece nos incisos seguintes; introduz uma novidade importante quanto ao papel de avaliação e informação (incisos V, VI e VIII), mas, ao dizer que a União tem competência para "baixar normas" sobre cursos de graduação e pós-graduação, assegura que tais normas seriam "gerais"; o texto é mais incisivo na política de educação superior, ao definir que cabe à União "autorizar, reconhecer, credenciar, supervisionar e avaliar, respectivamente, os cursos das instituições de educação superior e os estabelecimentos de seu sistema de ensino" (inciso IX), provocando, nesse caso, um efeito centralizador bastante claro, talvez por conta dos desmandos notórios vigentes, em particular em entidades privadas;

g) ao acenar para "um Conselho Nacional de Educação, com funções normativas e de supervisão", a formulação retorna a seu estilo flexível (§ 1º), embora assegure para a União o direito claro de "acesso a todos os dados e informações necessários de todos os estabelecimentos e órgãos educacionais" (§ 2º), numa alusão firme à resistência dos sistemas de tentar fugir a qualquer tipo de avaliação; mesmo assim, a Lei permite que se deleguem aos estados e ao Distrito Federal as atribuições do inciso IX (§ 3º), o que abranda visivelmente o tom forte do texto anterior;

h) passando para os outros níveis da organização nacional, cabem aos estados funções similares descentralizadas (Art. 10), em particular diante dos municípios; no Art. 12, comete-se aos "estabelecimentos de ensino, respeitadas as normas comuns e as dos seus sistemas de ensino", a incumbência de gestão própria, incluindo a elaboração e a execução de sua proposta pedagógica (inciso I), e a administração de seu pessoal e dos recursos materiais e financeiros (inciso II); no Art. 14 fala-se, então, diretamente que "os sistemas de ensino definirão as normas da gestão democrática do ensino público na educação básica, de acordo com as peculiaridades", consagrando ao mesmo tempo dois princípios educativos cruciais: a gestão democrática e o espaço próprio de cada sistema conforme suas peculiaridades;

i) essa abertura especifica-se, a seguir: os profissionais da educação deverão participar da elaboração do "projeto pedagógico da escola" (inciso I); as comunidades escolar e local deverão participar nos conselhos escolares ou equivalentes (inciso II); mais importante ainda é o Art. 15, que estabelece "progressivos graus de autonomia pedagógica e administrativa e de gestão financeira, observadas as normas gerais de direito financeiro público" às unidades escolares públicas; possivelmente, esse artigo represente o ápice do espírito flexibilizador da Lei, colocando nas mãos de cada escola a confiança de dar conta do recado, num meio-termo entre diretrizes gerais de cunho nacional, válidas para todos, e peculiaridades locais, chegando até a gestão financeira de recursos.

Parece inegável o esforço dos legisladores de garantir, no espírito da lei, mas igualmente em muitos detalhes concretos, uma proposta muito flexível de organização dos sistemas. Pode-se sempre argüir que essa visão corre o risco de permanecer letra morta, por conta da tradição centralizadora da União, o que é um contra-argumento potente e reiteradamente comprovado. Como a lei não faz a realidade, é bem possível que, apesar desse texto, tudo continue como antes. Mas temos pelo menos um texto arejado. Na prática, não aparece um horizonte propriamente revolucionário, até porque se restringe ao plano dos meios (modos de organização), que pode ser novo mantendo os conteúdos velhos. Sem descurar dos meios, em educação, são sempre mais relevantes os fins. Assim, será possível encontrar uma escola dotada de boa gestão democrática, em regime participativo convincente, mas enredada em baixíssimo rendimento escolar dos alunos. É claro que vale sempre a máxima: se o aluno não aprender bem, nada adianta, embora disso não decorra que, para o aluno aprender bem, vale tudo, inclusive a ditadura. A aprendizagem humana não pode ocorrer de maneira digna em ambientes draconianos, por serem estes intrinsecamente deseducativos. Ao mesmo tempo, educação não pode se bastar com qualidade formal, porque seu signo mais profundo é a qualidade política, que é fim. (Demo 1995d).

Não obstante todas as cautelas críticas, vale assinalar que o texto da Lei está imbuído de grande interesse pela flexibilização da organização dos sistemas educacionais, seguindo aí uma coerência necessária: não se pode educar bem dentro de uma proposta organizativa em si já deseducativa. É congruente que a própria organização dos sistemas reflita, ostensivamente, o compromisso educativo. Na verdade, isso é muito mais decisivo do que declarações, na prática ocas, de compromisso com a democracia, a solidariedade, o humanismo, que acabam tendo apenas o efeito nulo de qualquer "moralismo". A Lei também contém essas "inocuidades", na tradição brasileira de leis tão eloqüentes quanto inócuas, como veremos depois. Entretanto, cabe ressaltar, com grande destaque, o espírito flexibilizador, bem a gosto do Senador Darcy Ribeiro, e que continua em particular na parte que trata das "disposições gerais" relativas "à educação básica" (Arts. 22 ss).

Nessa parte, a intenção flexibilizadora atinge níveis ainda mais surpreendentes, tornando-se quase uma obsessão, tamanha é a insistência. No Art. 23 diz-se: "A educação básica poderá organizar-se em séries anuais, períodos semestrais, ciclos, alternância regular de períodos de estudos, grupos não-seriados, com base na idade, na competência e em outros critérios, ou por forma diversa de organização, sempre que o interesse do processo de aprendizagem assim o recomendar." Encontramos aqui uma inovação de grande profundidade, a começar por colocar todos os meios a serviço do fim maior, que é o processo de aprendizagem. Na prática, o texto, ao desfilar alternativas de organização, simplesmente afirma que, por conta do processo de aprendizagem, vale toda forma de organização que lhe for necessária e útil. É quase um "vale-tudo", no bom sentido. O aluno precisa, definitivamente, aprender. Para tanto, cabe organizar por séries anuais, períodos semestrais, ciclos etc., parecendo uma ladainha sem fim e essencialmente aberta.

No § 1º, acentua-se esta disposição: "A escola poderá reclassificar os alunos, inclusive quando se tratar de transferências entre estabelecimentos situados no país e no exterior, tendo como base as normas curriculares gerais", abrindo a possibilidade de decisão própria local, para além de determinações formais. Assim, se um aluno transferido manifestar aptidão superior à série em que estaria formalmente matriculado, poderá ser reclassificado para cima, ou para baixo, dependendo, de novo, da situação de aprendizagem. Essa perspectiva é aprofundada ainda mais no inciso II do Art. 24, ao permitir que a "classificação em qualquer série ou etapa, exceto a primeira do ensino fundamental", possa ser feita "por promoção, para alunos que cursaram, com aproveitamento, a série ou fase anterior, na própria escola" (alínea a), "por transferência, para candidatos procedentes de outras escolas" (alínea b), "independentemente de escolarização anterior, mediante avaliação feita pela escola, que defina o grau de desenvolvimento e experiência do candidato e permita sua inscrição na série ou etapa adequada, conforme regulamentação do respectivo sistema de ensino" (alínea c). Busca-se garantir o maior grau possível de liberdade no processo de classificação dos alunos, sempre diante do compromisso de aprendizagem adequada, a que serve o intento de formalização legal.

O nível maior de liberdade aparece na possibilidade de classificar o aluno de maneira independente da escolarização anterior, desde que exista avaliação e dentro de regulamentação pertinente. Pode-se alegar que isso já é demais. Entretanto, se lembrarmos do empurrão que a Lei oferece na direção da autonomia de cada escola, essa formulação, por mais surpreendente que pareça, é, no fundo, coerente. A possível suspeita de certa leviandade é compensada pela exigência de avaliação e de regulamentação, que impediria a tentação de classificar de qualquer maneira, sob o impacto da "politicagem", por exemplo. Além disso, quando se fala da promoção como forma de classificação, acrescenta-se que supõe "aproveitamento" por parte do aluno. Embora isso vá, com certeza, servir aos mais variados golpes escusos, se o texto e o espírito da Lei forem minimamente respeitados, é possível colocar a forma sob controle dos fins educativos.

No inciso III, aparece a possibilidade de "progressão regular por série", admitindo "formas de progressão parcial, desde que preservada a seqüência do currículo, observadas as normas do respectivo sistema de ensino". Reafirma-se o cuidado em fazer o aluno progredir, mas não de qualquer maneira, porque é mister preservar a seqüência do currículo, bem como observar as normas do respectivo sistema. Assim, parece claro que a insistência se volta menos para progredir de qualquer maneira do que para garantir o direito do aluno à aprendizagem. É coerente, de novo, essa maneira de ver, porque, tendo estabelecido que a educação, em particular a de 1º grau, é direito e dever de todos (Art. 2º), cada aluno tem o direito e o dever de cursar o 1º grau inteiro, devendo cada escola assumir o compromisso explícito de garantir essa progressão, desde que com o devido aproveitamento.[1] Por conta disso, o inciso IV abre alternativas de organização das classes ou turmas, "com alunos de séries distintas, com níveis equivalentes de adiantamento na matéria, para o ensino de línguas estrangeiras, artes, ou outros componentes curriculares". Tal flexibilidade alcança, a seguir, o tema da verificação do rendimento escolar (inciso V), ao colocar que a "avaliação contínua e cumulativa do desempenho do aluno" deve seguir a "prevalência dos aspectos qualitativos sobre os quantitativos e dos resultados de longo prazo do período sobre os de eventuais provas finais" (alínea a). Ao mesmo tempo, é possível acelerar os estudos para alunos com atraso (alínea b), bem como avançar nos cursos e nas séries, se o aluno mostrar aprendizagem para tanto (alínea c).

---

1. Assim fala a Constituição, em seu Art. 205: "A educação, direito de todos e dever do Estado e da família, será promovida e incentivada com a colaboração da sociedade, visando ao pleno desenvolvimento da pessoa, seu preparo para o exercício da cidadania e sua qualificação para o trabalho." Acrescente-se a isso o Art. 227: "É dever da família, da sociedade e do Estado assegurar à criança e ao adolescente, com absoluta prioridade, o direito à vida, à saúde, à alimentação, à educação, ao lazer, à profissionalização, à cultura, à dignidade, ao respeito, à liberdade e à convivência familiar e comunitária, além de colocá-los a salvo de toda forma de negligência, discriminação, exploração, violência, crueldade e opressão." Aparece nesse texto a única "prioridade absoluta" da Constituição.

O aspecto mais importante desse tipo de formulação está na característica de ser uma lei a serviço do aluno, como querem as teorias modernas (Grossi e Bordin (orgs.) 1993a, 1993b). O processo de aprendizagem precisa estar acima de tudo, porque é a razão de ser dos sistemas educacionais. Sobretudo, não cabe um formato legal cuja rigidez se sobreponha a tal fim. Daí segue que todo o sistema deve estar à disposição dos direitos do aluno. Se um aluno pode progredir com velocidade maior, terá a chance de apressar seu processo formativo. Por outra, se se atrasar, a escola precisa envidar todos os esforços para recuperá-lo. Isso não retira a possibilidade de reprovação, sempre que o desempenho, apesar de tudo, não for satisfatório. Mas, antes de reprovar, é mister empregar todo o arsenal possível e imaginável para garantir o direito de aprender bem. Na escola vale a máxima: tudo vale a pena se o aluno aprende bem. Mas vale também o reverso: nada vale a pena se o aluno não aprende.

Nessa mesma linha, o Art. 25 propõe que "será objetivo permanente das autoridades responsáveis alcançar relação adequada entre o número de alunos e o professor, a carga horária e as condições materiais do estabelecimento", acrescentando no Parágrafo Único seqüente que "cabe ao respectivo sistema de ensino, à vista das condições disponíveis e das características regionais e locais, estabelecer parâmetro para atendimento do disposto neste artigo". Tal formulação detém uma virtude e um defeito. A virtude aparece, na esteira anterior que estamos analisando, no cuidado em evitar uma rigidez inútil dos sistemas que, de maneira corporativista, apreciam estabelecer relações formais definitivas na relação aluno/professor. Embora existam sempre limites para cima e para baixo — ninguém dá conta adequadamente de um número excessivo de alunos, como não faz sentido uma turma com meia dúzia de alunos —, a relação precisa ser flexível porque as situações podem ser muito diversas, sem falar que é mister, antes de mais nada, respeitar os direitos do aluno. Assim, uma boa aprendizagem pode ocorrer com um docente particularmente capacitado e que, por isso mesmo, pode dar conta de um número significativo de alunos, ao passo que outro, mal capacitado, não dá conta nem de meia dúzia. É claro que a competência humana do professor não é função apenas da capacitação, mas a relação correta sugerida na Lei seria não de modo formalista entre professor e aluno, mas de modo pragmático entre direitos do aluno e condições do professor. Pode ocorrer também que um professor não tenha desempenho adequado diante de um número significativo de alunos, mas o consegue com número menor. Essa relação deveria ser também levada em conta.

O defeito estaria no Parágrafo Único, que representa menos uma flexibilização do que a concessão duvidosa a manobras locais, que tenderão a sobrecarregar as turmas, sobretudo em entidades privadas. É isso que as corporações docentes temem, com absoluta razão, embora disso não deva decorrer uma rigidez desnecessária do texto legal. No outro lado da mesma medalha, entretanto, pode surgir o problema oposto: manter turmas excessivamente pequenas, só para atender a interesses particulares docentes (por exemplo, para manter carga horária). Cabe argumentar que toda proposta de flexibilização se presta a mal-entendidos, porque, cabendo o direito de interpretar, está incluído no negócio o abuso do direito. Nesse caso, porém, parece ter ocorrido na Lei uma pressão escusa.

No Art. 26, defende-se uma "base nacional comum" para o ensino fundamental e médio, mas que se complementa, "em cada sistema de ensino e estabelecimento escolar, por uma parte diversificada, exigida pelas características regionais e locais da sociedade, da cultura, da economia e da clientela". Com exceção do conceito de "clientela", que certamente confunde o direito de consumo com o de cidadania — a gosto da visão já em declínio da "qualidade total" (Linhares e Garcia (orgs.) 1996; Demo 1995d) — volta-se a alimentar senso adequado pelas marcas locais, acentuado também no caso das escolas rurais (Art. 28). Referindo-se ao ensino fundamental, a Lei, no § 2º do Art. 32, retorna à insistência sobre a liberdade de "adotar o regime de progressão continuada" nos estabelecimentos que utilizam progressão regular, desde que "observadas as normas do respectivo sistema de ensino".

Entendemos que uma lei flexível é a que cabe no espaço educacional, para que tenha, por coerência, compromisso educativo. Nesse sentido, essa Lei parece bastante congruente, desenvolvendo um esforço insistente nessa direção. Ao lado dessa virtude muito significativa, é mister levantar os riscos, historicamente comprovados de modo reiterado, entre eles:

a) a flexibilidade pode ser confundida com o abuso do direito de interpretar; por exemplo, a progressão regular ou continuada será facilmente interpretada como "progressão automática", introduzindo a farsa já comum de empurrar o aluno para frente sem qualquer comprovação da aprendizagem adequada; avaliações ainda preliminares de tais "ciclos básicos" indicariam seu desacerto, porque podem obter resultados insatisfatórios de aprendizagem;[2] todo o mundo passa, mas ninguém aprende;
b) pode também ser mal aproveitada para cultivar corporativismos locais e classistas, guinando a flexibilidade para proveito próprio, em vez de salvaguardar, tanto mais, os direitos dos alunos; por exemplo, há sistemas que se organizam em torno dos direitos dos docentes, de tal sorte que o aluno é quase um acidente — o docente tem dias de folga, pode mudar de escola quando quiser, é-lhe permitido chegar tarde, sair antes, confundindo liberdade necessária para aprender com liberdade de fazer qualquer coisa, sobretudo em benefício próprio; essa interpretação representa, freqüentemente, o consolo de um docente muito mal pago e submetido a más condições de trabalho, esquecendo, porém, que sua razão de ser é o aluno;
c) pode principalmente ser mal utilizada pelas autoridades locais, sob todos os ângulos, desde nivelar tudo por baixo, alegando falta de condições financeiras sobretudo, encobrir a politicagem, até contentar-se com aprendizagem nenhuma; pode servir, nesse contexto, para maltratar ainda mais os docentes e os alunos, sempre sob a escusa da falta de recursos;

2. Veja um exemplo concreto na prefeitura de Belém: Xavier e Marques 1996. A Secretaria Municipal de Educação também produziu uma série de estudos avaliativos pertinentes, que merece ser levada em conta, sob a orientação da professora Ivone Tupiassu, na gestão da professora Therezinha Gueiros.

d) pode-se chegar ao exagero de considerar particularidade local o que é parte da metodologia comum, como se, por exemplo, o bom manejo da língua materna fosse coisa do Centro-Sul, ao passo que locais mais pobres deveriam satisfazer-se com seu mero arremedo; o meio-termo saudável entre normas de validade nacional e particularidades locais exige sobretudo bom senso, para fazer dele a vantagem que a Lei imagina para garantir adequada aprendizagem;

e) por fim, a flexibilidade pode ser confundida com certo "vale-tudo", seja no sentido de não precisar prestar contas a ninguém, ou de denegrir os níveis superiores, ou — o que seria muito preocupante — de vender como criatividade local ofertas pobres para o pobre; assim, classes multisseriadas não poderiam ser vistas como proposta adequada, muito menos como criatividade local, porque já são apenas atraso; o país tem todas as condições objetivas e subjetivas de já não precisar delas.

Para concluir esta parte, vale ainda a pena assinalar um artigo já tradicional nas leis educacionais brasileiras; diz o Art. 81, nas "disposições gerais": "É permitida a organização de cursos ou instituições de ensino experimentais, desde que obedecidas as disposições desta Lei." Muitos hão de dizer que esse é o artigo mais sábio da Lei, exatamente porque permitiria, na prática, desconsiderá-la. Uma lei que não se cumpre é a própria lei com cara brasileira. Temos aqui o exemplo cristalino da possível dubiedade desse tipo de texto. De um lado, o bom senso recomenda, ao lado da exigência de criatividade no espaço educacional, que o sentido por alternativas deve predominar sobre a rigidez legal. Pareceria óbvio que, em educação, é permitido ousar, inovar, criar.

De outro lado, correm-se riscos tradicionais graves, a começar pela expectativa de que a lei vale mais ou menos, às vezes vale, outras não, cada qual no fundo faz o que bem entende, e assim por diante. Olhando a cena nacional da educação, marcada por todos os absurdos possíveis e imagináveis, a tentação em favor de textos draconianos torna-se quase premente. Entretanto, essa tentação não vale a pena, sobretudo pelo caráter deseducativo, e também porque não é a lei que faz, que inventa a realidade. Ela somente pode contribuir na direção de impulsionar um progresso continuado favorável à aprendizagem do aluno e, nesse contexto, ao desenvolvimento do país todo. Como toda lei brasileira, também a LDB vale pouco, não porque seja tão ruim assim, mas precisamente porque, mais do que outras leis, carece exalar em seus poros compromisso educativo, inviável em textos rígidos e no fundo ditatoriais.

Ademais, comparece um outro argumento prático: sendo resultado de um processo legislativo do Congresso Nacional, não pode ser melhor do que esse Congresso. No fundo, é um problema de cidadania: a qualidade de uma lei é diretamente proporcional à qualidade da cidadania. Só vale na medida em que vale a cidadania. Uma cidadania qualitativa aproveitaria a flexibilidade pedagógica da Lei exatamente para favorecer o aluno e a sociedade como tal (Demo 1992, 1997a).

2
FACES POSITIVAS DA LDB

Antes de passar para os ranços da LDB, vamos analisar os avanços, porquanto, em educação, vale a regra pedagógica de que a face positiva deve sempre vir antes da negativa. Entretanto, o que tem predominado no cenário nacional não é o espírito crítico diante da realidade, em particular diante do atraso clamoroso em educação e na pedagogia, mas uma tradicional falta de "desconfiômetro", como veremos posteriormente. Ao mesmo tempo, alguns profissionais da área, num arroubo de santa ira, imitam FHC, que sempre interpreta as críticas como desrazão. Questionar significaria má vontade, interesse em denegrir e detratar, jogar no "quanto pior, melhor", e assim por diante. É incrível que arautos da consciência crítica, como deveria ser todo educador, não a tenham. Por isso, vivem de avaliar alunos, mas detestam ser avaliados, como se a "autoridade" para avaliar não tivesse como pressuposto lógico e histórico ser e estar sempre avaliado (Demo 1996a).

Um episódio recentemente decantado na imprensa é ilustrativo. O governo do Paraná instituiu algo semelhante a uma universidade do professor, em Faxinal do Céu, aonde são levados os professores estaduais para um *spa* pedagógico. Lá permanecem por volta de uma semana em êxtase maiêutico — não é certamente a maiêutica de Sócrates, que, ligada à idéia de parto, também dói — com o objetivo de restaurar a auto-estima, o amor próprio e, sobretudo, a fantasia de que educar é diversão. Ouve-se que os professores saem de lá ressuscitados, acreditando, mais do que nunca, que na escola estariam redimindo o país e a si mesmos. Na prática, em vez de maiêutica, é o velho "pão e circo" servido à "qualidade total", com o resultado já conhecido: alcança-se a adesão do grupo, por vezes fascinada, encobrindo os salários miseráveis e sobretudo o despreparo para a função moderna de aprendizagem. Quando deixam a "farra", "caem na real", ou "no Real", e percebem que a vida continua andando para trás (E.T. Silva 1991; 1992).

Não cabe defender o oposto, como se sofrer à toa fosse mais pedagógico. De um pouco de "pão e circo" todos precisamos, porque sem um "mínimo" de "alienação", não dá! Se fôssemos viver todo dia apenas olhando para seu lado nu e cru, acabaríamos desanimando. Que o professor recupere o gosto de educar, é algo extraordinariamente relevante e digno, mas não a preço da falta de consciência crítica, que, no fundo, é marca indelével do educador. Nenhum problema é atacado em profundidade, em particular a dificuldade extrema que os alunos têm de aprender. Acaba acontecendo o mesmo que nos tradicionais "centros de treinamento": os docentes acumulam diplomas, ao passo que os alunos aprendem cada vez menos. Há alguma mentira nessa história (Werneck 1993, 1995; Freitas 1988; Frigotto 1989; Carraher *et al.* 1988; Demo 1996c).

Aprender deve ser um processo lúdico, o que é facilmente visível na criança. Mas, como implica esforço reconstrutivo, também dói, precisamente porque leva a um processo de superações e inovações (Baraldi 1994; Lajonquière 1993). A alegria do aprender não pode ser a do "bobo alegre". Para o governo, os resultados são muito satisfatórios, desde a pacificação do professorado que terá maiores pruridos em fazer greves, passando pelo conformismo diante da situação profissional, até — quem sabe! — a possibilidade de fazer do docente um eleitor. A preocupação com a aprendizagem dos alunos não aparece, primeiro, porque os mentores da festa disso pouco ou nada entendem, e, segundo, porque aluno continua acidente. Um mínimo de conhecimento teórico diria que o aluno só aprende se o professor sobretudo aprende. Se essa aprendizagem puder ser feita com prazer, tanto melhor (Grossi e Bordin (orgs.) 1993b; Maturana e Varela 1995a, 1995b; Goleman 1996). Mais: seria de esperar que um educador tivesse prazer em aprender para poder fazer o aluno tanto melhor aprender, e com prazer (Demo 1995a, 1996b).

A psicanálise de fundo é de algibeira, porque não consegue ultrapassar os limites da mera compensação no contexto de uma catarse que encobre nova repressão.[1] Certamente, como toda relação humana mais profunda, a aprendizagem também é erótica. Mas ainda não é "sacanagem" (Alberoni 1987, 1988). O próprio fato de os professores caírem nesse "conto do vigário" mostra não só a malandragem das autoridades e os verdadeiros caminhos da "qualidade total", mas sobretudo a falta de consciência crítica de quem dela deveria viver (AEC 1994; Gentili (org.) 1995; Gentili e Silva (orgs.) 1995).

A análise que aqui buscamos fazer orienta-se pela convicção de que é sempre fundamental valorizar o que é bom, mas não à custa da alienação. Os ranços da LDB precisam também ser vistos de perto, até porque entendemos que continuam predominando sobre os avanços. Mas, primeiro, os avanços.

Compromisso com avaliação

Até que enfim, a LDB consagra o princípio da avaliação como parte central da "organização da educação nacional" (Arts. 8º ss). Dentre as incumbências da União (Art. 9º), podemos destacar:

a) no inciso V: "coletar, analisar e disseminar informações sobre a educação", admitindo a necessidade de qualidade

1. Veja visão alternativa e realista: Baraldi 1994; Grossi e Bordin (orgs.) 1993; Lajonquière 1993.

técnica dos dados disponíveis, sua função política de análise crítica, o incremento desse tipo de atividade e certamente sua relevância como instrumento essencial de diagnóstico e prognóstico; é tradicional a precariedade dos dados, e muitas vezes sua falta, com base no primarismo tradicional de administrar sem conhecimento de causa; num mundo marcado pela lógica do conhecimento moderno (Demo 1997b), em particular no espaço educativo que deveria ser o berço desse conhecimento e o lugar de sua humanização, é simplesmente o "óbvio ululante" que se cuide da informação melhor possível, tendo em vista a qualidade do processo de aprendizagem;

b) no inciso VI, aparece o compromisso com o "processo nacional de avaliação do rendimento escolar no ensino fundamental, médio e superior, em colaboração com os sistemas de ensino, objetivando a definição de prioridades e a melhoria da qualidade do ensino"; aqui o foco está no rendimento escolar de todos os níveis educacionais, o que permitiria ao país alinhar-se aos outros que já possuem sistemas de avaliação em andamento, inclusive com escalonamento das escolas, dos estados e municípios, o que favorece políticas direcionadas a problemas concretos em lugares e áreas concretas;[2]

c) o inciso VIII volta-se especificamente para o "processo nacional de avaliação das instituições de educação superior", consagrando uma iniciativa crucial nesse campo, já de há muito minado por toda sorte de desmandos, sobretudo nas entidades privadas; os absurdos são de estarrecer, abrangendo desde o uso indiscriminado do termo "universidade" para entidades que primam pela pesquisa, até outras que sequer sabem o que isso seria, até práticas didáticas totalmente alienadas de mínimas condições de aprendizagem. (Schwartzman 1995, pp. 5-28)

---

2. Uma das primeiras experiências nessa direção, de porte nacional, foi o Relatório do Desenvolvimento Humano no Brasil — 1996, elaborado pelo Ipea/Pnud, que contém um *ranking* dos estados, tendo como indicador principal a situação educacional. Veja crítica a esse documento em: Demo 1997a.

Temos aí uma novidade pertinente, que deixa o linguajar aéreo de uma função que está apenas no papel, para assumir o tom de princípio fundamental da organização dos sistemas (Lüdke 1993, pp. 31-38; 1996, pp. 331-336; Aliaga 1995, pp. 173-184; Firme 1994, pp. 5-12; 1994, pp. 57-62; Grinspum 1994, pp. 29-40). Não quer dizer que se cumpra, até porque as resistências serão fantásticas, porquanto não há nada que avaliadores mais detestem do que ser avaliados — muito contraditória, cínica e ironicamente (Falcão 1995, pp. 73-78). Todavia, não se pode negar que a formulação representa avanço considerável, porque poderia permitir uma revisão por dentro dos sistemas, em nome da qualidade da aprendizagem (AEC 1995; Dalmás 1994; Durham e Schwartzman (orgs.) 1992; Fundação Cesgranrio 1994; Hoffmann 1991; Lima 1994; Luckesi 1995; Oliveira e Bossa (orgs.) 1996; Sant'anna 1995; C.S. Silva 1992). Há ainda uma parte retrógrada no texto, que é o uso do conceito de "ensino", principalmente ligado ao de "qualidade" (inciso VI). A rigor somente "educação" admite a expectativa qualitativa, já que ensino, mais próximo do treinamento e da instrução, indica um horizonte tipicamente quantitativo, do tipo "anos de estudo", "horas-aula", "dias letivos" etc. Mas esse problema perpassa a Lei toda, confundindo educação e ensino, como veremos depois.

Trata-se de uma questão intrigante que avaliadores profissionais, como são os docentes, evitem, com tamanha pertinácia e contradição, ser avaliados. Sobretudo no contexto da discussão lançada por Habermas e Apel, com base na ação comunicativa, que só pode medrar quando a comunicação levar coerentemente à comunicação desimpedida, parece uma obviedade que todo avaliador alimenta sua competência e sua autoridade como avaliador do fato de estar sempre submetido a um processo de avaliação. Chamou-se de "contradição performativa" aquele discurso que, na sua comunicação, desfaz a capacidade de comunicar (Demo 1996a; Habermas 1986). Assim, se pratico alguma forma de questionamento, não posso impedir que me questionem, porque, se assim fizer, estou menos destruindo o diálogo com o outro do que desfazendo meu próprio chão do questionamento. Da mesma forma, se avalio, não posso impedir que me avaliem, pois avaliar e ser avaliado fazem parte da mesma lógica. Como decorrência, quem foge da avaliação perde a autoridade de avaliar.

Habermas vai mais além, fundando-se no conceito de verdade como simples "pretensão de validade" (Habermas 1989). Para que um discurso adquira validade, não pode apenas ser lógico. Carece ainda de consenso, socialmente negociado. Embora tenda a fechar essa atividade na academia, introduzindo um eco elitista clássico entre intelectuais (Ingram 1994; Arantes e Arantes 1992), é muito interessante essa combinação de qualidade formal e política, além de transmitir a idéia pós-moderna de que conhecimento tem seu forte no questionamento aberto (Demo 1994, 1995c). Somente seria científico o que fosse questionável, formal e politicamente. Difere da falsificabilidade de Popper, porque é apenas lógica, ao passo que a postura de Habermas, penetrando o espaço histórico, seria tipicamente dialética. Sem outros aprofundamentos, e deixando de lado um confronto mais agudo com a teoria da ação comunicativa,[3] cabe realçar que a resistência de avaliadores a serem avaliados está se tornando sobretudo ridícula e sarcástica. *Ridícula*, porque absurdamente contraditória com a própria conduta do avaliador. *Sarcástica*, porque redunda em reles autodefesa e, com isso, em prepotência.

Se essa argumentação for adequada, segue que já não se trata, de modo algum, de evitar processos avaliativos, mas de fazê-los da maneira mais consistente possível, formal e politicamente. Precisamos afastar processos levados a efeito de maneira centralizada, prepotente, sigilosa, favorecendo outros marcados pela transparência. Não faz sentido, por exemplo, eximir os chefes do processo avaliativo, porque — pretensamente — precisariam estar do lado de fora para poder avaliar melhor. Essa isenção é apenas um ato falho, porque enreda o processo na contradição performativa, viciando-o do começo ao fim. Primeiro, a figura que mais e melhor precisa ser avaliada é o chefe, para que tenha condições mínimas, formais e políticas, para avaliar. Segundo, toda avaliação deve ser feita de tal forma que o avaliado possa contra-argumentar.

3. Sobre limites de argumentos apenas lógicos, que incorrem em metanarrativas circulares, veja: Demo 1997; Lyotard 1989.

Retomando a base teórica de Habermas, o conhecimento é um tecido argumentativo que implica abertura irrestrita para criticar e ser criticado. Não é cabível pretender processos avaliativos fechados, precisamente porque isso impediria o atingimento de um mínimo de qualidade formal e política. Os docentes temem a avaliação externa, não sem razão. A história está crivada de posicionamentos prepotentes e escusos, advindos principalmente das "autoridades centrais", que se imaginam acima do bem e do mal. Confundem quase sempre autoridade com competência. Só porque ocupam, num determinado momento, um posto ao qual estão afetas atribuições legais em si adequadas, assumem ares de que entendem do assunto mais do que todo mundo. "Metem os pés pelas mãos", como se diz popularmente, e têm como defesa o muro falso da isenção. O mundo da burocracia não é, jamais, o mundo do conhecimento. Enquanto aquela é perdidamente próxima da burrice, este tem como uma das missões mais importantes combatê-la. Assim, a comunidade acadêmica precisa lutar denodadamente por processos avaliativos abertos, alimentados pela boa argumentação e pela contra-argumentação. Ao mesmo tempo, não pode se acantonar em processos de mera auto-avaliação, pois estes incidem na mesma contradição performativa. Não vale também somente o outro lado da avaliação externa. Um processo avaliativo dotado de qualidade formal e política alimenta-se de todas as chances possíveis, também para cultivar todas as transparências possíveis, como avaliação de dentro e de fora, feita pelos alunos e pela comunidade, olhada de cima e de baixo, *inter* e *extrapares*, e assim por diante.

Todavia, há ainda outras razões fortes em favor da avaliação. Podemos ressaltar pelo menos duas mais eminentes. A discussão moderna em torno da qualidade, desde que não se prenda exclusivamente à versão da "qualidade total", descobriu que os fenômenos qualitativos são intrinsecamente dialéticos. Quer dizer, além de difíceis de construir, são ainda mais difíceis de manter. Se tomarmos como protótipo o fenômeno participativo, por ser possivelmente a expressão mais profunda da história humana, representa conquista árdua e frágil, e que tem como desafio maior manter-se qualitativa contra a tendência, também histórica, de definhamento.

Nenhum partido consegue ser militante todo dia, como nenhum relacionamento humano pode todo viver da paixão. A rotina corrói tudo, não por defeito, mas por marca histórica dialética natural (Demo 1988, 1997a).

Diante disso, avaliação emerge como tática essencial, tanto para conceber fenômenos qualitativos, quanto principalmente para alimentá-los e renová-los. Ao contrário da "qualidade total", que fantasia contraditoriamente situações "totais" — é nisso propaganda enganosa —, a qualidade histórica é sempre um complexo de condições objetivas e subjetivas, uma oportunidade humana que desabrocha conforme o nível da competência humana implicada. Torna-se simplesmente impraticável cultivar esse tipo de qualidade sem avaliação permanente, tanto como diagnóstico para estarmos sempre a par dos problemas quanto como prognóstico para deslindarmos caminhos futuros, sobretudo de renovação constante. Numa instituição como a escola e a universidade, esse cuidado é imprescindível, além de coerente, porque, entendendo-se como qualitativamente inovador, esse desafio somente pode ser levado a contento sob pressão de processos avaliativos ostensivamente transparentes e permanentes. A oportunidade de renovar-se é diretamente proporcional à coragem de questionar-se radical e permanentemente.

A segunda razão vale principalmente para o espaço público, por conta de utilizar recursos públicos. Entidades que vivem de recursos públicos não podem entender sua "autonomia" como dispensa de prestação de contas, de um lado, e distanciamento dos interesses da população, de outro. Os Poderes Constituídos cometem diariamente esse pecado capital, ao se arrogarem um direito de gastar o que querem, escamoteando o fato fundamental de que não é correto dispor de recursos públicos "privadamente". Assim, a remuneração dos congressistas, dos juízes, bem como dos funcionários e de cargos públicos executivos, por exemplo, não é matéria apenas interna. É preciso sempre saber se a população trabalhadora, que gera os recursos, concorda.

Também por falta de avaliação, temos incorrido em becos sem saída, que nos tornam fragilizados diante da opinião pública, por ter esta a impressão de privilégios escusos. Nem sempre é o caso, mas essa impressão tem algo de correto, no sentido de que a população é obrigada a manter o espaço público, mas este lhe foge ao controle. O corporativismo classista, que era pecha sobretudo dos detentores dos meios de produção, e com isso privatizavam friamente os espaços públicos, passou a fazer parte do funcionalismo público, também para compensar baixas remunerações. A população tem todo o direito de saber o que sucede na escola e na universidade, bem como nos órgãos administrativos que comandam os sistemas educacionais. Essa discussão, contudo, não é muito diferente em espaços privados educacionais. Por vezes, é até mais bem colocada aí, porque quem paga exige serviço. Por estarem diretamente ligados ao mercado, tendem a adotar os trâmites da "qualidade total", que implicam sempre alguma forma de avaliação, embora muito parcial.

O desafio da avaliação admite dupla perspectiva, sempre complexa. De um lado, será decisivo conceber estratégias avaliativas marcadas pela qualidade formal e política, transparentes do começo ao fim, e alimentadas por processos permanentes de renovação. Dificilmente os órgãos administrativos dos sistemas poderão fazer isso sozinhos, até porque já implicaria uma forma de fechamento. Para diminuir a face agressiva da avaliação, o melhor remédio é a transparência obsessiva. De outro, é crucial vencer a resistência, à medida que se puder mostrar que avaliar os avaliadores faz parte do processo permanente de reconstituição da autoridade avaliativa (Gaetani e Schwartzman 1990, pp. 81-104).

Podemos olhar para dois processos recentes de avaliação, empreendidos pelo Ministério da Educação. O Sistema Nacional de Avaliação da Educação Básica — Saeb — enfrentou muitos percalços na implantação, sendo os problemas mais cruciais os dois apontados (dificuldade de construir a qualidade do processo e resistência das escolas). Sua primeira proposta de avaliação do rendimento escolar já foi superada, ganhando, na segunda fase, muito maior consistência técnica, muito embora se trate de um tipo restrito de avaliação que privilegia faces quantitativas e formais, e mais facilmente mensuráveis (Fletcher 1994, pp. 21-28). Existe o outro lado, é claro: para ser factível a comparação no espaço nacional, a metodologia precisa garantir tais formalidades. As escolas reagiram fortemente contra o processo e os dados que daí resultaram, muito duros por sinal. Entretanto, já está descendo a poeira, pois se torna visível a utilidade dos dados, por mais questionáveis que sejam naturalmente, ao lado de ser sempre viável progredir na proposta, desde que seja transparente. Entre erros e acertos, o Saeb parece ser uma conquista definitiva.

O MEC, todavia, não alcançou o mesmo sucesso na avaliação de concluintes de cursos superiores, ainda que a própria LDB reforce agora essa rota. Vários problemas não foram bem enfrentados, a começar pela resistência na universidade, incomparavelmente maior do que em escolas. O "cartel" das universidades públicas, privilegiadas no cenário nacional, [4] sem os devidos frutos para a sociedade que as mantém, articulou a resistência, com apoio das agremiações de estudantes, que também não apreciam ser avaliados. O MEC cometeu erros crassos: não negociou devidamente o processo avaliativo em termos de sua qualidade formal e política, além de transferir o problema para a vítima (o aluno). No fundo, avalia-se também o professor, mas foi claro que o Ministério não teve coragem de se confrontar com os docentes. Na prática, o processo avaliativo deveria abranger tanto o aluno quanto o professor, a par de oferecer um palco transparente, marcado pela arte de argumentar e contra-argumentar.

O texto legal apenas estabelece o processo nacional de avaliação, ligado à "qualidade do ensino", dando a impressão de que não foi possível ir além perante tamanhas resistências. É suficiente para abrir o caminho, mas este ainda está por se fazer. O que está em jogo, principalmente, é a montagem de um esquema de avaliação externa que não seja, por isso mesmo, exterior. A avaliação interna já existe, geralmente encoberta sob manobras da auto-avaliação, bem como

4. Referimo-nos ao privilégio de poder estudar gratuitamente, que pode ser sustentado não por razões sociais, que são mentira deslavada (o pobre de verdade não passa nem do 1º grau), mas pela importância do processo de reconstrução do conhecimento no mundo moderno. As universidades públicas, em especial as federais e as estaduais de São Paulo, representam o patrimônio nacional mais relevante nessa área, e, mesmo assim, estão mergulhadas em profunda crise, em parte promovida pelo neoliberalismo, mas em parte pelo corporativismo interno, que coloca a manutenção do *status quo* acima do mérito acadêmico, bem como evita avaliação por todos os meios, lícitos e ilícitos.

processos formalistas de avaliação que, por exemplo, apegam-se apenas a títulos acadêmicos. É por demais comum que pós-graduados, formados sobretudo para pesquisar, acabem nunca pesquisando, porque a ascensão funcional leva em conta, mais do que tudo, títulos e até mesmo a ocupação de funções burocráticas. É uma estranhíssima concepção de qualidade educativa aquela que valoriza como critério básico "tempo de serviço". A fantástica improdutividade acadêmica de nossas universidades é favorecida, sem dúvida, também pelo estilo de avaliação formalista e pela falta de avaliação externa adequada (Casassus 1993, pp. 5-12; Klein 1994, pp. 75-82; Klein e Ribeiro 1995, pp. 55-62).

Nesse mesmo contexto da avaliação, podemos colocar o cuidado pertinente em torno da aprendizagem escolar, que sempre implica acompanhamento permanente e circunstanciado. A Lei é insistente sobre o direito do aluno de aprender, ao lado de lhe conferir grande flexibilidade descentralizada, como já vimos. No Art. 12, inciso V, consta a incumbência de "prover meios para a recuperação dos alunos de menor rendimento", em nível de norma geral, válida para todos os sistemas e níveis educacionais. A idéia é reiterada, ao falar das incumbências dos docentes, no Art. 13, incisos III e IV: "zelar pela aprendizagem dos alunos"; "estabelecer estratégias de recuperação para os alunos de menor rendimento".

No capítulo sobre "educação básica" (Arts. 22 ss), pode-se ressaltar, ao lado do intento já analisado de tornar flexível a organização do sistema, sempre em função do aluno, o inciso V, do Art. 24: "a verificação do rendimento escolar observará os seguintes critérios:

a) avaliação contínua e cumulativa do desempenho do aluno, com prevalência dos aspectos qualitativos sobre os quantitativos e dos resultados ao longo do período sobre os de eventuais provas finais;
b) possibilidade de aceleração de estudos para alunos com atraso escolar;
c) possibilidade de avanço nos cursos e nas séries mediante verificação do aprendizado;
d) aproveitamento de estudos concluídos com êxito;

e) obrigatoriedade de estudos de recuperação, de preferência paralelos ao período letivo, para os casos de baixo rendimento escolar, a serem disciplinados pelas instituições de ensino em seus regimentos."

São levantadas cinco circunstâncias relevantes do rendimento escolar, começando pela idéia de "avaliação contínua e cumulativa" do desempenho do aluno. Indica-se que avaliação deve ser tomada como processo intrínseco do fenômeno da aprendizagem, e não como intervenção externa e mais ou menos intempestiva. Daí a prevalência dos critérios qualitativos sobre os quantitativos, com alusão explícita a resultados ao longo do período, que seriam mais decisivos do que "eventuais provas finais". Essa alínea contém visão muito acertada de avaliação.

A seguir, introduz-se o cuidado em tratar de modo adequado tanto a quem se atrasa quanto a quem poderia andar mais rápido. Também é pertinente essa ótica, porque instila saudável repúdio ao formalismo legal, sobretudo de não atrapalhar o aluno que aprende com desempenho melhor, mas incluindo também a possibilidade de iniciativas que busquem acelerar o aluno que se atrasa. A quarta alínea chega a ser surpreendente, porque, se fosse tomada a sério, dentro do espírito da lei, poderia permitir que um aluno estudasse em casa, e, tendo bom aproveitamento verificado por uma avaliação adequada, poderia avançar nas séries e nos níveis. Exagerando, alguém poderia comparecer apenas para fazer as provas. Se passar com bom desempenho, tudo o mais não interessa, nem freqüência, nem aula, nem currículo, nem nada.

É claro que não podemos retirar tamanha conclusão de uma alínea tão curta e rápida, até porque a Lei não introduz inovações desse porte. Mas permitiria pelo menos especular nessa direção. Neste mundo moderno, repleto de oportunidades alternativas de aprendizagem, chegará o dia em que a escola poderá ser vista como entrave formalista, incluindo-se nisso até mesmo o docente. Se o aluno aprende melhor em outro ambiente, com outras didáticas e meios, por que atrapalhá-lo?

A quinta alínea estabelece a obrigatoriedade de recuperar alunos com baixo rendimento, atividade que deve constar dos regimentos. Todavia, a proposta contém uma impropriedade gritante ao preferir iniciativas paralelas, porque, primeiro, obscurece e mesmo desfaz a postura correta lançada na primeira alínea (avaliação como processo contínuo e cumulativo), e, segundo, porque recuperação não pode ser algo paralelo, mas da própria lógica e democracia do sistema educacional. A avaliação tem seu sentido pedagógico em permitir tomar todas as iniciativas possíveis e imagináveis para garantir o direito de estudar e aprender. O docente precisa avaliar o aluno todo dia, seja para ter em mãos de modo permanente um diagnóstico correto, seja para, tomando por base esse diagnóstico, elaborar uma estratégia de combate ao fracasso escolar. Isso implica um complexo de iniciativas que deve ser visto como intrínseco ao processo de aprendizagem. Nada poderia ser paralelo (Waiselfisz 1993, pp. 5-22).

Pode certamente ocorrer a necessidade de separar alunos com atraso maior ou renitente. Por exemplo, será fácil ocorrer que alunos da 1ª série do 2º grau apresentem, diante de uma avaliação meticulosa, um rendimento em matemática correspondente ao nível previsto para a 5ª série do 1º grau. Nesse caso, talvez seja razoável fazer uma proposta que corra em paralelo, também para não desestimular os colegas de classe. Essa situação, entretanto, é diversa daquela em que se verifica aprendizagem inadequada no decurso do período letivo, já que, primeiro, é mister tomar como fenômeno normal que os alunos tenham ritmo pessoal diversificado e aprendam com velocidade diferenciada, e, segundo, separar os alunos tende sempre a estigmatizá-los, coisa que os pedagogos rejeitam com grande firmeza. Em terceiro lugar, mesmo fazendo uma turma separada com base em razões prementes, um processo bem colocado de recuperação nunca se entenderá como "paralelo", mesmo que se faça fora da aula, porquanto, perante o direito de aprender, tem o mesmo valor que qualquer atividade letiva considerada normal. Aqui está o ponto principal: ao preferir iniciativas paralelas de recuperação, a Lei incide numa escorregadela comprometedora, porque muito pouco pedagógica. [5]

---

5. Essa escorregadela surpreende porque é contraditória, por exemplo, com o espírito da parte que

A seguir, o texto insere em todas as etapas da educação básica, nas outras modalidades educacionais menos formais, bem como na educação superior, o cuidado avaliativo, com maior ou menor propriedade, dependendo do caso. Sem maiores detalhes, podemos ressaltar:

a) quanto à educação infantil, o Art. 31 preconiza um tipo especial de avaliação, marcado pelo "acompanhamento e registro do seu desenvolvimento, sem o objetivo de promoção, mesmo para o acesso ao ensino fundamental"; embora seja de todo recomendável que a avaliação não se oriente pela promoção, o texto incorre numa visão estreita, defendida freqüentemente pelos profissionais da área, que, no afã de garantir para a educação infantil espaço próprio, insistem em excesso no descolamento perante o 1º grau; trata-se de um tipo de teoria e prática que pode satisfazer aos estudiosos, mas não às crianças, que só têm a ganhar se aproveitarem o tempo para aprender, inclusive se alfabetizar, desde que respeitado o ritmo de desenvolvimento infantil; nas entidades privadas, onde comparece a elite, é praticamente inaceitável que uma criança termine o pré-escolar sem estar alfabetizada, porque todos sabem o quanto isso significa de vantagem pessoal e social; ora, se o desenvolvimento é feito por etapas sucessivas e cumulativas, não haveria razão maior para desconhecer essa construção histórica e usar o período para promover condições adequadas — sobretudo lúdicas — de aprendizagem; um profissional bem preparado saberá distinguir entre propostas estranhas e impostas de alfabetização, e outras que respeitam o desenvolvimento da criança de modo natural (Rizzo 1996); teorias como o construtivismo podem até exagerar nessa direção, por vezes, mas colocam, de maneira apropriada, o sentido pedagógico da evolução natural da criança (Grossi 1990a, 1990b, 1990c, 1994, pp. 285-302); na prática, educação infantil que não alfabetiza é a do pobre (Brasil 1991a);

---

trata da educação especial, onde, de acordo com todas as boas teorias e práticas da área, se insiste muito em evitar, sempre que possível, tratamentos paralelos (Arts. 58 a 60).

b) no ensino fundamental aparece a preocupação crucial em torno da "capacidade de aprender" (Art. 32, I e III), o que poderia conferir certa modernidade ao texto; mesmo cometendo o equívoco de falar da "capacidade de aprender" apenas a partir do 1º grau, coisa que nenhuma teoria moderna sustentaria mais, é importante essa visão propedêutica; esse equívoco está na origem também da visão banalizada da educação infantil, que pode facilmente decair em mero passatempo para a criança, passando a primeiro plano razões externas, como a necessidade de trabalhar por parte dos pais, em vez do direito infantil ao desenvolvimento integrado, como aliás consta do texto (Art. 29); importante, entretanto, é que essa etapa da educação básica deve visar não só à aprendizagem de conteúdos, mas sobretudo à capacidade de aprender, o que implica, de novo, o cuidado em torno da "avaliação do processo de ensino-aprendizagem" (§ 2º do Art. 32); é mister reclamar que o texto é impróprio e obsoleto, no sentido de usar a terminologia do ensino ao lado da aprendizagem, também algo já superado na discussão moderna;

c) no ensino médio reaparece, de modo coerente, a preocupação propedêutica, codificada no desafio de "continuar aprendendo, de modo a ser capaz de se adaptar com flexibilidade a novas condições de ocupação ou aperfeiçoamento posteriores" (Art. 35, II), ainda que a linguagem seja algo rançosa; com efeito, uma aprendizagem propedeuticamente correta não se restringe a adaptar-se ou a admitir flexibilidade; ao contrário, põe-se a interferir na realidade e a forjar seu espaço histórico, partindo das condições dadas, entre elas do mercado; ademais, a avaliação deverá estimular a "iniciativa dos estudantes" (Art. 36, II), além de garantir o domínio do conhecimento implicado na "produção moderna" (§ 1º, I) e nas "formas contemporâneas de linguagem" (§ 1º, II); o texto parece vacilar entre cidadania e preparação para o trabalho, com propensão adaptativa à segunda opção (Brasil 1991b, 1991c, 1991d, 1991e);

d) com respeito à educação de jovens e adultos, pode-se destacar que "os conhecimentos e as habilidades adquiridos pelos educandos por meios informais serão aferidos e reconhecidos mediante exames", dando a entender a possibilidade de uma aprendizagem menos formalista;

e) quanto à educação profissional, está ligada à "vida produtiva" (Art. 39, *caput*), como no caso anterior, e deve admitir o reconhecimento do que se aprendeu de modo não-formal (Art. 41, *caput*);

f) a educação superior, por sua vez, deve "suscitar o desejo permanente de aperfeiçoamento cultural e profissional" (Art. 43, V), e permite reconhecer que "alunos com extraordinário aproveitamento nos estudos, demonstrado por meio de provas e outros instrumentos de avaliação, poderão ter abreviada a duração dos seus cursos" (§ 2º); entretanto, pode-se considerar pobre esse texto em termos de compromisso com a avaliação, não só porque não recebe tratamento específico, mas sobretudo porque, de um lado, insistindo em autonomia universitária e em "estatuto jurídico especial" (Art. 54), não acopla com a necessária avaliação interna e externa, e, de outro, não exige este tipo de processo avaliativo na constituição da carreira docente (§ 1º); a rigor, aparece duas vezes a avaliação: como "processo regular" para autorização e reconhecimento de cursos, bem como credenciamento de instituições (Art. 46), e nos casos de atribuição de autonomia universitária a instituições ulteriores (Art. 54, § 2º);

g) quanto à educação especial, não se fala diretamente em processos avaliativos, porque o texto preferiu falar de "classes, escolas ou serviços especializados" (Art. 58, § 2º), bem como de "currículos, métodos, técnicas, recursos educativos e organizações específicos" (Art. 59, I), incluindo-se a possibilidade de aceleração do período de aprendizagem para os superdotados (Art. 59, II); obviamente está incluída nessa atividade educativa de extremo esmero qualitativo o processo avaliativo.

Visão alternativa da formação dos profissionais da educação

Uma lei não se destina a estabelecer novos paradigmas acadêmicos e científicos, mas, refletindo a realidade histórica, deve incluir o ritmo dos tempos. Nesse particular, a LDB favorece grandes avanços, porque — seguindo também progressos notáveis nas teorias e práticas da aprendizagem[6] — trata o professor como o eixo central da qualidade da educação. Modernas teorias da aprendizagem conseguiram estabelecer alguns parâmetros de seu processo constitutivo e evolutivo, podendo-se destacar:

a) o centro da questão está no processo reconstrutivo do aluno, cujo esforço não pode ser substituído por nenhum outro expediente, inclusive meios eletrônicos;
b) papel essencial desempenha o professor na condição de orientador, não só porque não se aprende sozinho, mas sobretudo porque a aprendizagem precisa da motivação humana e decorrente avaliação;
c) educação é um processo essencialmente formativo, no sentido reconstrutivo humano, não algo da ordem de mero treinamento, ensino, instrução; enquanto esses termos indicam uma influência apenas de fora para dentro e de cima para baixo, formação toma o aluno como ponto de partida e de chegada;
d) o ambiente mais favorável à aprendizagem é o interdisciplinar, ao mesmo tempo teórico e prático, socialmente motivador, pluralista e crítico, implicando qualidade formal e política;
e) a aprendizagem, por ser processo e marca humana iniludível, é uma reconstrução permanente, devendo usar de todos os espaços e tempos que a favoreçam, não podendo, por isso, limitar-se a paradigmas rígidos presenciais ou não-presenciais, formais ou não-formais, e assim por diante;

6. Sem aprofundamentos, existe um coro moderno em torno do desafio reconstrutivo da aprendizagem, que ultrapassa de muito já as propostas piagetianas, mais conhecidas nessa área. Cf. um apanhado dessas teorias em: Demo 1995a, 1997; Maturana e Varela 1995a, 1995b; Prigogine 1996; Portocarrero (org.) 1996; Gardner 1994; Damásio 1996; Lévy e Authier 1995; Lévy 1995.

f) está em jogo a formação da competência humana, não só da competitividade, o que estabelece certamente a importância extraordinária que a educação tem para o mercado moderno, mas a ele deve ultrapassar, também porque deve fazer parte de todo processo educativo, em primeiro lugar, a cidadania.

Tem-se falado muito dos desafios propedêuticos, resumidos no saber pensar e no aprender a aprender, para além de seu uso em períodos anteriores, marcados ainda por cuidados apenas técnicos ou mesmo tecnicistas (Paim 1993, pp. 20-24; Penin 1995, pp. 5-15). Hoje, fazem parte sobretudo da cidadania, ou seja, sua têmpera maior é a qualidade política, à qual deve servir a qualidade formal. Educação valorizou-se no mundo moderno mais ainda, por conta da relevância praticamente fatal que o conhecimento exerce em todos os recantos da vida, desde o mercado até a cultura. Entretanto, como típico fenômeno dialético, não é linear, mas embrenhado em seus contrários, que, por vezes, aparecem com tanto mais força.

Assim, ao lado de educação e conhecimento serem, como querem a Cepal e a Orealc,[7] o "eixo da transformação produtiva com eqüidade" — uma expressão certamente forte demais para uma América Latina tão desigual —, são também a fonte da exclusão que mais nos atormenta hoje: o desemprego estrutural. Com efeito, a economia competitiva alimenta-se da energia do conhecimento moderno desconstrutivo e inovador. Mas, com isso, substitui crescentemente o trabalhador pela informática sobretudo, além de exigir dele qualificação cada vez mais sofisticada. Valeria a máxima irônica: é urgente reconstruir conhecimento para desfazer os males do próprio conhecimento (Rifkin 1996; Dreifuss 1996; Antunes 1995; Cattani 1996).

7. Cepal = Comissão Econômica para a América Latina e o Caribe; Orealc — Escritório Regional de Educação para a América Latina e o Caribe; é de se reconhecer o esforço que as duas instituições fizeram para recolocar a questão da eqüidade no espaço do crescimento econômico, apelando para educação e conhecimento como eixo dessa engrenagem. Todavia, parece claro o laivo neoliberal da proposta, além da expectativa ingênua de poder colocar o mercado a serviço da eqüidade, coisa que nunca sucedeu no capitalismo conhecido. Veja Demo 1995b.

Ademais, não é fácil conjugar bem educação e conhecimento, como se fossem parceiros vocacionais. Ao contrário, em sociedades como a nossa, propendem a afastar-se, e, pior do que isso, a inverter a hierarquia ética: em vez de conhecimento ser instrumento primordial da educação, vira o contrário. Talvez o que mais possa preocupar hoje é o casamento faceiro que o conhecimento faz com o mercado. Estão se dando bem, sobretudo porque uma das marcas mais fortes do conhecimento moderno — sua capacidade desconstrutiva a serviço da inovação tecnológica — coincide com a pretensão de lucro crescente (Jameson 1996; Anderson 1992; Kennedy 1993). Nesse sentido, a capacidade de inovação rápida é essencial para a competitividade, razão pela qual o conhecimento está sendo aprisionado no mercado, fugindo, de certa forma, das instituições educativas. A velocidade de inovação no mercado é incomparavelmente maior do que nessas instituições, que vão ficando para trás. Não estamos dizendo que essa velocidade desconstrutiva já doentia seja algo a ser adotado, pura e simplesmente, nos sistemas educativos. Ao contrário, um dos mandatos mais fundamentais dos sistemas educativos é humanizar o conhecimento, para além de favorecer processos inovadores. O ser humano não pode ser desconstruído todo dia, como qualquer produto de mercado ou um computador, que, literalmente, morre de véspera. Quando entra no mercado, já está superado.

Diante desse pano de fundo complexo e desafiador, a LDB lança algumas alternativas pertinentes, podendo-se destacar:

a) embora a valorização do profissional de educação conste, desde sempre, das leis e nunca tenha sido cumprida, dessa vez aconteceram alguns direcionamentos promissores voltados tanto para a melhoria da formação como para o "aperfeiçoamento profissional continuado" (Art. 67, II); inclui-se nisso também o "licenciamento periódico remunerado" (*ibid.*), consagrando a idéia essencial de que o aprimoramento profissional faz parte da profissão;
b) essa perspectiva vem ainda mais reforçada a seguir, quando se estabelece "período reservado a estudos, planejamento e avaliação, incluído na carga de trabalho" (Art. 67, V); faz-se justiça às exigências modernas de aprendizagem, que con-

sagraram o professor como alguém especializado, mais do que todos, em aprender; *somente o professor que aprende bem e continuadamente pode fazer o aluno aprender*;

c) importante iniciativa é também a inclusão da "progressão funcional baseada na titulação ou na habilitação e na avaliação do desempenho", abrindo um horizonte inovador considerável, se realizado adequadamente; como víamos mais acima, teorias modernas da avaliação partem de que ninguém carece mais de avaliação do que o avaliador (Demo 1996a).

Infelizmente, a Lei não alcança estabelecer, nessa parte, melhorias salariais concretas, não porque fosse impossível — um mínimo de decência histórica reconheceria esse direito aos professores —, mas porque o ambiente nacional está marcado por uma história perversa difícil de sacudir.[8] Fala, como sempre, da necessidade de os valorizar (Art. 67), de "piso salarial profissional" (III), bem como de "condições adequadas de trabalho" (VI), permanecendo em generalidades, cuja efetivação dependerá de condições estaduais e municipais, sempre muito adversas.

Entretanto, um passo crucial foi dado, ampliando notavelmente o que poderíamos chamar de "direito de estudar" em termos de profissionalização continuada, o que poderá repercutir, com o tempo, em melhorias socioeconômicas concretas. A Lei poderia ter sido mais explícita perante vícios históricos nessa parte que multiplicam, a título de "treinamento", cursos ineptos, seja pela brevidade, seja pela superficialidade, seja sobretudo pela contradição flagrante perante as teorias modernas da aprendizagem. É praticamente impossível constatar que tais iniciativas apareçam na aprendizagem do aluno. Com efeito, não aparecem na aprendizagem do aluno porque não foram parte da aprendizagem do professor. São, desde há muito, um gasto inútil.

---

8. Veja a seguir a análise do *Fundo voltado para a valorização do magistério*, uma Lei específica decorrente do texto da LDB.

Temos agora, finalmente, uma base legal para rever isso com o necessário cuidado. Tem-se defendido a idéia dos cursos de pelo menos 80 horas semestrais, incluídos no direito de estudar, fazendo parte do tempo letivo. O professor que não estuda sempre não é profissional.[9] Nenhuma profissão se desgasta mais rapidamente do que a de professor, precisamente porque lida com a própria lógica da reconstrução do conhecimento. Infelizmente, é mister reconhecer que nossos professores, sobretudo por uma origem formativa clamorosamente deficitária, mas igualmente por um exercício profissional que os consome por todos os lados, não estudam nem se atualizam adequadamente. Isso é também usado pelo sistema para rebaixar as condições de trabalho.[10]

Dois componentes podem ser realçados na lei: o aperfeiçoamento profissional continuado e a avaliação do desempenho. O primeiro elemento é mais palatável, ainda que muito mal conduzido geralmente, porque decai, como regra, em meros treinamentos ou em eventos afastados do desafio reconstrutivo. O segundo representa grande temor, com justiça, pois os professores — cansados de "levar pancada" — imaginam que vem mais uma. É premente, entretanto, enfrentar o desafio com tranqüilidade, porque pode tornar-se sobretudo uma arma favorável aos professores, desde que deixem de fugir da avaliação externa.

Os próprios sindicatos fariam bem se, em vez de apenas forjar evasivas autodefensivas, assumissem a tarefa. Assumir a tarefa significa algumas coisas cruciais:

---

9. Essa idéia tem sido defendida nos últimos livros do autor, e faz parte de experiências concretas bem-sucedidas em algumas prefeituras (Belém, Curitiba, Jaraguá do Sul). Veja os livros *Educar pela pesquisa*, *ABC* e *Avaliação*.

10. É freqüente, por exemplo, encontrar nas redes locais de educação um desempenho superior das normalistas quando comparado com o dos licenciados. Tomando um caso: a avaliação do rendimento escolar no 1º grau na rede municipal de Belém constatou que, as 17 melhores escolas, de um total de 38, foram aquelas restritas às quatro primeiras séries, ou seja, de normalistas. Para maiores detalhes, consultar Secretaria Municipal de Educação do Município, Semec, que publicou vários cadernos a respeito, um do autor sobre os resultados do rendimento escolar.

a) avaliar sempre os avaliadores, porque a autoridade em avaliar só pode provir de ser avaliada;
b) defender critérios transparentes e abertos nos processos avaliativos; a avaliação precisa ser conduzida de tal sorte que o avaliado possa se manifestar e reagir; são inaceitáveis avaliações sigilosas ou feitas pelos chefes exclusivamente, bem como são inaceitáveis meras auto-avaliações;
c) nunca é suficiente apenas um método de avaliação, mesmo que seja o externo; auto-avaliação também faz sentido, como também pode fazer sentido que um aluno avalie o professor; nesses casos, realça-se o objetivo pedagógico do processo, mas é mister ainda olhar para o desempenho como tal;
d) discutir critérios mais "objetivos" de avaliação, que impeçam deslizes subjetivistas ou imposições ideológicas, sem escamotear o fato fundamental de que nenhum critério pode ser propriamente "objetivo"; daí a necessidade de discussão aberta e do direito de reagir;
e) o profissional autêntico, que quer sempre aprender para fazer o aluno aprender, em vez de fugir da avaliação, irá exigi-la e participar do processo ativamente, até mesmo para evitar que se lhe escape.

Não há como esconder que a aprendizagem no Brasil é um vexame (Demo 1996c). Seria o cúmulo colocar esse problema apenas nos ombros dos professores, que são tão vítimas do sistema quanto os alunos. Mas também é inegável que um professor mal preparado, desatualizado, a par de mal remunerado, contribui para o fracasso escolar também. É urgente retirar esse "argumento" dos neoliberais, que se aproveitam dele para manter a situação precária atual.

O Art. 62 trouxe a perspectiva de "nível superior" para os docentes que atuam na educação básica, reforçado com "graduação plena". Todavia, em parte por realismo, mas sobretudo sob pressão, continua admitida "como formação mínima para o exercício do magistério na educação infantil e nas quatro primeiras séries do ensino fundamental" a atual proposta da Escola Normal, de nível médio. Um olhar mais crítico não deixaria de captar nisso uma contradição, porque não é compatível a expectativa de nível superior pleno com uma trajetória apenas média. Talvez tivesse sido o caso de haver mantido o texto original do Senador, que alegava a continuidade da Escola Normal tradicional apenas em áreas onde o nível superior ainda não fosse viável. Nesse caso, a formação média entraria em regime de exceção, facilitando sua superação histórica, que consideramos necessária, além de inevitável. Como ficou no texto, continua "normal" a Escola Normal tradicional, infelizmente.

O Art. 63 resgata, todavia, um pouco da rota moderna, ao estabelecer a idéia de "institutos superiores de educação", para formação de "profissionais para a educação básica, inclusive o curso normal superior", além de outras finalidades mais gerais, como "programas de formação pedagógica para portadores de diplomas de educação superior que queiram se dedicar à educação básica". Podemos considerar isso uma inovação fundamental, desde que o curso normal superior, à revelia do artigo anterior, não volte a decair em "licenciaturas curtas", ou coisas do gênero.

É claro que o texto da lei não tem condições, sozinho, de evitar o mau uso da idéia. Esse mau uso aponta para dois problemas principais:

a) banalizar a formação inicial em termos de tempo de formação, incidindo de novo em táticas que servem apenas para pagar mal, sem falar em sua desvalorização como profissão menor; se o professor inicial é o profissional mais estratégico dos tempos modernos, não poderia ter uma formação abreviada, sob hipótese alguma; se é absurdo inventar uma licenciatura curta para médico, é mais ainda fazê-lo para o profissional dos profissionais;
b) manter os vícios pedagógicos tradicionais, destruindo em seu âmago a inovação esperada; o que é mais comprometedor na esfera pedagógica é, com certeza, sua inconsistência em termos de capacidade de reconstrução do conhecimento, com qualidade formal e política; por conta disso, não se alcança manejar conhecimento de modo adequado, fazendo-se muitas vezes instâncias de resistência à inovação.

Assim, de nada adiantaria montar um curso normal superior dentro dos mesmos atrasos dos atuais cursos. É mister atentar a isso com total dedicação, porque — segundo um consenso cada vez mais altissonante — educação básica de qualidade é o diferencial central do desenvolvimento dos povos.[11] Duas competências são essenciais: saber inovar e saber educar a inovação, colocando o conhecimento a serviço dos excluídos. O espírito da lei impulsionaria, destarte, para avançar também na direção fundamental do manejo formal e político do conhecimento inovador. Inclui-se aí também a revisão curricular, com preferência ostensiva para formas de "currículo intensivo", que privilegiam pesquisa e elaboração própria como expedientes didáticos mais cruciais do que a aula meramente expositiva (Demo 1996b).

Parece ser uma regra que a universidade não se renova sem a renovação da pedagogia. Faz sentido essa constatação, porque o manejo propedêutico educativamente adequado do conhecimento é coisa da pedagogia. A urgente mudança didática em termos do currículo intensivo, da redefinição do professor como reconstrutor do conhecimento, do compromisso com a aprendizagem reconstrutiva dos alunos etc. não se impõe se antes não for patrimônio da pedagogia. Temos, assim, uma chance inédita de, ao propormos institutos superiores de educação, inaugurarmos uma nova pedagogia.

O mesmo Art. 62, em seu inciso III, aponta para "programas de educação continuada para os profissionais de educação dos diversos níveis", assegurando o direito de estudar, como já apontávamos. Provavelmente, no futuro, tais programas continuados serão mais estratégicos para a qualidade da educação do que a própria formação original. Ninguém mais do que o educador, para manter-se profissional, precisa todo dia estudar.

Parece cada vez mais claro que a educação básica brasileira, para encontrar seu rumo, precisa dessa premissa inicial incontestável: resgatar o professor. Sem isso, nada frutifica. Nem de longe os outros componentes da escola têm a mesma força. Uma antena parabólica,

11. Tese defendida ardorosamente pelos relatórios do desenvolvimento humano da ONU. Veja Ipea/Pnud 1996. Veja também contratexto de Demo 1997a.

por exemplo, somente se torna aprendizagem dos alunos se for bem manejada por um professor que, sabendo aprender, a coloca em contexto adequado de aprendizagem. Por outra, a aprendizagem do aluno — que é a razão de ser do sistema educacional — depende, em primeiríssimo lugar, em seus fatores externos, da presença de um professor dotado de inequívoca qualidade formal e política. Por vezes esquecemos — ou gostamos de esquecer — que o cuidado com o aluno e a escola inclui, necessariamente, o cuidado com o professor. Enquanto nosso professor for a prova de que cidadania não existe nesta terra, não há como esperar da escola os fundamentos da cidadania nacional.

O capítulo sobre os profissionais da educação (Arts. 61 ss) destaca ainda alguns outros pontos interessantes, como a "associação entre teorias e práticas" (Art. 61, I), a valorização da "formação e experiências anteriores" (II), "prática de ensino de, no mínimo, trezentas horas" (Art. 65), a possibilidade de aceitar o "notório saber" em substituição a títulos acadêmicos no magistério superior (Art. 66, Parágrafo Único), e a "experiência docente" como pré-requisito para o exercício profissional (Art. 67, Parágrafo Único). Tais componentes revelam lados positivos, como o sentido de sua flexibilidade, mas, no todo, apesar de vislumbrarem alguns rumos modernos da educação, expressam ainda tradicionalismos inveterados, sobretudo na parte que deixa de pé a atual pedagogia (Art. 64).

Direcionamento de investimentos financeiros para valorização do magistério

Sem dúvida, sobretudo numa sociedade capitalista, o peso de uma Lei se mede principalmente pelos recursos financeiros que mobiliza. É o caso da educação, que dispõe até mesmo de receita vinculada orçamentária, além do salário-educação. Desde a Constituição de 1988, a União é obrigada a aplicar, anualmente, "nunca menos de 18, e os Estados e municípios, 25%" (Art. 69), havendo estados e municípios que, em suas leis próprias, aumentaram essa percentagem. Ademais, reinava alguma confusão na definição do que seria aplicação em educação, sendo conhecidos casos de abuso de recursos para atividades escusas ou suspeitas, ou pelo menos estranhas, como construção de pontes e estradas, sob a alegação de que estariam a serviço ou no caminho de alguma escola. Todavia, o enfoque mais relevante nessa parte poderia ser considerado o interesse em valorizar o magistério básico, assunto que já toma um rumo na LDB e vem explicitado na lei 9.424, de 24/12/1996, sobre o Fundo de Manutenção e Desenvolvimento do Ensino Fundamental e de Valorização do Magistério. Nesta análise levaremos em conta também essa Lei, por estar, na verdade, atrelada à LDB. Antes, porém, lançaremos os olhos sobre a própria LDB.

Procurou estabelecer parâmetros mais claros, enumerando oito casos de aplicação dos recursos previstos (Art. 70, incisos):

a) "remuneração e aperfeiçoamento do pessoal docente e demais profissionais da educação;
b) aquisição, manutenção, construção e conservação de instalações e equipamentos necessários ao ensino;
c) uso e manutenção de bens e serviços vinculados ao ensino;
d) levantamentos estatísticos, estudos e pesquisas visando precipuamente ao aprimoramento da qualidade e à expansão do ensino;
e) realização de atividades-meio necessárias ao funcionamento dos sistemas de ensino;
f) concessão de bolsas de estudo a alunos de escolas públicas e privadas;
g) amortização e custeio de operações de crédito destinadas a atender ao disposto nos incisos deste artigo;
h) aquisição de material didático-escolar e manutenção de programas de transporte escolar."

Embora essa lista tenha um sentido de definição mais estrito, certamente ainda deixa abertas algumas frestas preocupantes. A primeira ressalva a ser feita é que a valorização do magistério venha, como regra, desvinculada de um processo avaliativo, tanto do rendimento escolar quanto do desempenho dos professores. É um avanço incontestável aceitar a necessidade ostensiva de valorização pela ótica financeira, porque é a maneira mais realista de fazê-la valer. Entretanto, será um problema ainda mais constrangedor poder descobrir depois de alguns anos que apenas gastamos mais, mas os alunos continuaram a aprender pouco. Se a razão central de ser da escola é a aprendizagem do aluno, com qualidade formal e política, todos os investimentos precisam ser aquilatados com base nessa ótica. As avaliações do Saeb indicariam que é problemático supor uma correlação direta entre pagar mais e aprender melhor.

A seguir, cabe realçar horizontes ainda muito vagos, tais como: "bens e serviços vinculados ao ensino"; pesquisas que visam "precipuamente" ao aprimoramento da qualidade e à expansão do ensino; "atividades-meio" necessárias ao funcionamento dos sistemas; bolsas para alunos de escolas públicas e "privadas"; e assim por diante. Em favor da LDB, pode-se aventar que não faria parte de seu "espírito" enredar-se em ambiente marcado pela rigidez, como víamos acima, bem como cabe ressaltar o cuidado de dizer o que "não constitui" despesa aceitável (Art. 71, incisos). Aparecem seis itens:

a) "pesquisa, quando não vinculada às instituições de ensino, ou, quando efetivada fora dos sistemas de ensino, que não vise, precipuamente, ao aprimoramento de sua qualidade ou à sua expansão;
b) subvenção a instituições públicas ou privadas de caráter assistencial, desportivo ou cultural;
c) formação de quadros especiais para a administração pública, sejam militares ou civis, inclusive diplomáticos;
d) programas suplementares de alimentação, assistência médico-odontológica, farmacêutica e psicológica, e outras formas de assistência social;
e) obras de infra-estrutura, ainda que realizadas para beneficiar direta ou indiretamente a rede escolar;
f) pessoal docente e demais trabalhadores da educação, quando em desvio de função ou em atividade alheia à manutenção e ao desenvolvimento do ensino."

O item possivelmente mais importante é aquele que veda o uso de recursos para certas infra-estruturas, como a construção de uma ponte, justificada pelo fato de facilitar o acesso a alguma escola. A restrição perante subvenções de caráter assistencial, desportivo e cultural detém grande significado, e pode preocupar os que defendem a "escola de atenção integral", um assunto que ficou de fora. O Ministério, a bem da verdade, não se posicionou explicitamente diante disso, embora, na prática, esteja insinuando a desativação das propostas nessa direção. A recusa a subvencionar programas assistenciais volta no item seguinte, relativo a gastos suplementares com alimentação e saúde (MEC 1994). Parece muito oportuno o último item, que proíbe o uso de recursos para docentes desviados de suas funções.

Essa maneira de ver as coisas reflete mudança de direção e um posicionamento típico da atual gestão nacional. Há algum tempo, sob a ótica da escola de tempo integral e sobretudo de atenção integral, predominaria a expectativa de fazer da escola um "centro comunitário" no qual seria viável fazer um atendimento alargado, incluindo muitas formas de assistência, pelo menos aos alunos. A LDB não vê isso com bons olhos, porque parte de outro ponto de vista: escola é uma entidade dedicada à educação, especificamente; incluem-se nela algumas formas de assistência já reconhecidas, sobretudo a merenda escolar, mas não está disposta a abrir a porta para alternativas ulteriores. É difícil decidir essa problemática. Entretanto, se tomarmos em mente a tendência a progredir na direção da escola de tempo integral, talvez se possa aventar que, no futuro, a escola, sem deixar de ser antes de mais nada um lugar privilegiado da aprendizagem formal e política, admitirá todos os apoios possíveis e imagináveis nessa direção, até mesmo assistências. Nesse sentido, emerge uma contradição na Lei, porque, acenando com a expansão progressiva da escola de tempo integral, deverão fazer parte do tempo integral atividades educativas como esporte, cultura, e também assistência, desde que sempre a serviço da aprendizagem. Ademais, essa postura receberia apoio de qualquer visão que se queira interdisciplinar, como já é o caso da educação infantil. O desenvolvimento integral da criança não se restringe à pedagogia.

No Art. 72, toma-se a providência de imprimir alguma transparência ao processo de financiamento: "as receitas e despesas com manutenção e desenvolvimento do ensino serão apuradas e publicadas nos balanços do Poder Público", bem como em outros relatórios constitucionais. Seria certamente fundamental que a população pudesse acompanhar de perto o fluxo de recursos, em termos de receita e despesa, podendo tirar a limpo a adequação dos gastos. Nesse sentido, o "orçamento participativo", que é regra geral em governos municipais do PT, parece acenar para um caminho sem volta, já que a qualidade da democracia está muito vinculada a essa competência cidadã de controlar tanto os mandantes quanto o que gastam a título de serviço público (Touraine 1996; Bobbio 1992; 1986; Amaral Sobrinho 1994, pp. 53-62).

A Lei insere uma iniciativa polêmica para estados e municípios, relativa à transferência de verbas diretamente para as escolas (Art. 75, § 3º). Do ponto de vista federativo, que assinala o início da federação no município, entendendo estados e União como instâncias subsidiárias, talvez não coubesse a polêmica. Entretanto, do ponto de vista da hierarquia formal, é natural que estados e municípios se sintam ultrapassados. A favor da iniciativa do Ministério está uma história toda repleta de maus usos dos recursos, desde ele próprio até o município, o que tem impedido a autonomia local das escolas. Sem dúvida, a autonomia da escola é feita de inúmeras facetas, não podendo faltar, entre elas, alguma base financeira.

Essa providência está vinculada, no texto, "ao número de alunos que efetivamente freqüentam a escola", dando a entender a possibilidade de algum processo avaliativo, pelo menos nesse nível. Mesmo assim, pode-se reclamar que a transferência de recursos diretamente para as escolas se preocupa pouco com o rendimento escolar, razão maior de ser. Parece ser uma decisão importante da atual gestão do MEC a transferência de recursos para as bases, tomando como fulcro que isso levaria a melhorar a qualidade. Há nisso um lado bom, quase inacreditável na história do país, na medida em que o centro assume função redistributiva explícita e coloca nisso, ademais, o interesse em valorizar o magistério. Mas há um certo primarismo, talvez subsidiário da ideologia do Banco Mundial e de outros bancos afins, que admitem, ingenuamente, uma correlação direta entre investimento financeiro e qualidade da educação.

Essa correlação pratica uma leviandade bancária. Em termos estatísticos, a probabilidade de os investimentos favorecerem os alunos, em última e sobretudo em primeira instância, não é garantida, e, olhando a história conhecida, é muito duvidosa. Não pretendemos retirar disso uma conclusão desfavorável aos docentes, que, finalmente, recebem um aceno concreto de valorização socioeconômica. Essa face não pode deixar de ser adequadamente ressaltada. Se, de um lado, não é viável realizar educação de qualidade sem investimentos necessários, de outro, os meros investimentos não garantem a qualidade desejada. Pode acontecer o contrário, muito facilmente, seja na direção de gastar à toa, seja de gastar pelo avesso.

Nesse contexto, vale referir-se à Lei nº 9.424, para podermos levar a termo uma análise mais circunstanciada. O fundo previsto será formado de 15% dos recursos do ICMS, do Fundo de Participação dos estados e municípios, do IPI devido aos estados, além de todos os recursos transferidos, em moeda, pela União aos estados e municípios (Art. 1º, § 1º e 2º). Sua finalidade central aparece no Art. 2º: "Os recursos do Fundo serão aplicados na manutenção e no desenvolvimento do ensino fundamental público, e na valorização de seu Magistério."

Introduz-se, então, a regra da "proporção do número de alunos matriculados anualmente nas escolas cadastradas das respectivas redes de ensino" (Art. 2º, § 1º), e cujo inciso I define como "as matrículas da 1ª à 8ª séries do ensino fundamental". O inciso II foi vetado pelo presidente da República e dizia: "as matrículas do ensino fundamental nos cursos de educação de jovens e adultos na função suplência". Esse veto não tem, na verdade, base constitucional, porque a Constituição e a própria LDB definem o 1º grau como direito de todos em qualquer idade (Art. 4º, I). Todavia, tem uma razão prática infelizmente aceitável, porque a clientela do supletivo, dentro do contexto de um país no qual a população tem uma escolaridade média de apenas quatro anos, é quase "infinita". É apenas prudente reservar tais recursos ao plano mais direto da obrigação constitucional, ou seja, ao 1º grau como tal, sem deixar de reconhecer a injustiça flagrante que a restrição legal expressa. Essa é também a razão prática da restrição seguinte voltada apenas ao "ensino presencial", o que deixa de fora o alcance a distância (Art. 2º, § 3º).

Para dar conta dessa tarefa, será mister dominar, a contento, o panorama estatístico, o que redunda no mandato para o MEC de realizar, "anualmente, censo educacional, cujos dados serão publicados" e "constituirão a base para fixar a proporção" (Art. 2º, § 4º). Já o Art. 3º estabelece a regra importante de que "o acompanhamento e o controle social sobre a repartição, a transferência e a aplicação dos recursos do Fundo serão exercidos ... por Conselhos a serem instituídos em cada esfera de governo ...". Seguem as normas para a constituição de conselhos em cada esfera, sem novidades históricas, o que permite reclamar, pelo menos até certo ponto, da predominância de representantes "oficiais". O estabelecimento de que os conselheiros não poderão perceber qualquer remuneração, previsto no Art. 4º, § 4º, pode parecer draconiano, mas ainda é preferível essa visão ao risco de gastar parte significativa do Fundo com os próprios conselheiros.

É importante o compromisso da União de complementar os recursos do Fundo, "sempre que, no âmbito de cada Estado, seu valor por aluno não alcançar o mínimo definido nacionalmente" (Art. 6º, *caput*). Ao mesmo tempo, será atribuição do presidente da República fixar "o valor mínimo anual por aluno" (§ 1º), que nunca será inferior "à razão entre a previsão da receita total para o Fundo e a matrícula total do ensino fundamental no ano anterior". E o MEC detém a palavra final em termos da validade dos dados respectivos (§ 2º). Para começar, no primeiro ano de vigência (1998), o valor anual será de R$ 300,00. Apesar da postura bancária que está por trás, essa medida representa inovação extraordinária na história do país.

Nesse horizonte insere-se, então, a valorização do magistério público, que será contemplado com 60%, pelo menos, do Fundo, desde que em efetivo exercício das funções (Art. 7º). Aparece uma providência essencial no Parágrafo Único desse artigo: "Nos primeiros cinco anos, a contar da publicação desta Lei, será permitida a aplicação de parte dos recursos da parcela de 60% ... na capacitação de professores leigos ..." Mais à frente (Art. 9º, §§ 2º e 3º), determina-se que os leigos terão prazo de cinco anos para se habilitar, e que a habilitação é condição para o ingresso no quadro permanente.

Todavia, a percepção da Lei é ainda muito deficiente em termos da qualidade docente. Comparece apenas no Art. 13, II ("capacitação permanente dos profissionais da educação"). Como regra, fixa-se apenas em planos de carreira e remuneração (Art. 9º), que, como se sabe, valorizam sobretudo "tempo de serviço". Esse critério tem muito pouco a ver com a idéia de "qualidade do ensino". Mesmo tendo inserido o compromisso do Ministério de realizar "avaliações periódicas dos resultados da aplicação" do Fundo (Art. 12), parece cristalino que a percepção da lei é tipicamente bancária.

Aconteceram algumas pressões ainda inveteradas em nossa história, podendo-se destacar:

a) certa complacência perante os professores leigos, que na prática servem apenas para pagar mal; diante das circunstâncias atuais do país, mesmo nos páramos mais distantes e isolados, não haveria razão concreta para termos professores leigos, até porque sobram normalistas;
b) concessão ao corporativismo docente que detesta avaliação externa, não só por conta do risco realista de ser prejudicado ideologicamente pelos sistemas, mas sobretudo porque sabe que uma parte do fracasso escolar se deve também a suas precariedades na formação.

É, assim, uma lacuna preocupante essa visão bancária de investimentos em educação, embora esta crítica não deva empanar, no outro lado, a possibilidade de podermos avançar na direção da valorização do profissional. O que poderia parecer má vontade perante os docentes, na verdade, trata-se do compromisso de vê-los por inteiro. Para quem tem a convicção de que o resgate da educação básica passa, necessariamente, pela valorização do magistério — porque é a qualidade do professor que traduz, mais do que tudo, a qualidade da escola —, é imprescindível valorizar o profissional de maneira completa. De um lado, é um acinte colocar em suas mãos a cidadania popular, enquanto lhe é negado o mínimo de cidadania. Professor básico tem de ser a prova concreta da cidadania popular. De outro, é visão primária restringir cidadania ao salário e ao tempo de serviço. Afinal de contas, qualidade inclui necessariamente quantidade, mas tem como marca principal sobrepassá-la. É típico da visão bancária não perceber isso. Ao mesmo tempo, é mister preservar os docentes, no sentido de não os empurrar para becos sem saída. Todo investimento em sua valorização tem como razão maior de ser a aprendizagem progressiva dos alunos. Se não conseguirmos comprovar isso, estaremos, na prática, alimentando o moinho neoliberal, que se aproveitará disso, outra vez e sempre, para castigar os professores básicos (Acuña e Smith 1996, pp. 355-389; AEC jul./set. 1996; Chonchol 1996, pp. 141-162; Druck e Filgueiras 1996, pp. 28-42).

A Lei apresenta seis critérios para ajustar progressivamente o valor indicativo do padrão de qualidade (Art. 13, incisos):

a) "estabelecimento do número mínimo e máximo de alunos em sala de aula;
b) capacitação permanente dos profissionais de educação;
c) jornada de trabalho que incorpore os momentos diferenciados das atividades docentes;
d) complexidade de funcionamento;
e) localização e atendimento da clientela;
f) busca do aumento do padrão de qualidade do ensino."

Existe algum equilíbrio nesses critérios, também porque comparecem a capacitação permanente dos docentes, bem como a busca do aumento do padrão de qualidade. Combinando isso com o Art. 12, que manda o MEC avaliar periodicamente os resultados da aplicação do Fundo, é possível esperar que o programa não se esgote no plano bancário. Acrescente-se ainda o Art. 14, que manda a União estimular "as iniciativas de melhoria de qualidade do ensino, acesso e permanência na escola promovidos pelas unidades federadas, em especial aquelas voltadas às crianças e aos adolescentes em situação de risco social". Todavia, vale a crítica de que a correlação entre valorização do magistério e melhoria da aprendizagem dos alunos é mais suposta do que construída.

Outros aspectos positivos

Neste capítulo nos propomos a lançar um olhar geral sobre a LDB, com o objetivo de resgatar outras faces que podemos considerar positivas, sem, entretanto, buscar esgotar o assunto. Procurando não incidir em detalhes tópicos, vamos realçar o seguinte:

a) a parte reservada à educação infantil é certamente pequena, constando apenas de três artigos (Arts. 29 a 31), mas pode-se afirmar que está bem colocada, no geral (Amar Amar 1996; Bairrão e Tietze 1993); é definida como a primeira etapa da educação básica, e está destinada ao desenvolvimento integral da criança até seis anos de idade; existe aqui um primeiro ganho de causa, tanto na visão interdisciplinar quanto na integração no sistema da educação básica; conserva-se ainda a nomenclatura anterior, ou seja, creche para até três anos, e pré-escola de quatro a seis anos, mas está já fora de qualquer dúvida que serão, substancialmente, instituições educativas que formam o primeiro patamar da educação básica; o risco de separação entre instituições educativas e assistenciais perdura, mas temos um caminho legal claro para evitar isso; defende maneira própria de acompanhamento e avaliação do desenvolvimento da criança, como já vimos, mas recai no que podemos chamar de "visão pré-escolarista" (Art. 31), que imagina salvaguardar melhor o sentido da educação infantil separando-a da educação fundamental; certamente, a educação infantil não deverá ser subserviente à fundamental, mas é só prejuízo para a criança, sobretudo pobre, não se alfabetizar para poder usufruir dessa vantagem que toda criança rica já tem; por fim, as atuais creches e pré-escolas terão o prazo de três anos para integrar-se no respectivo sistema educacional (Art. 89);
b) aparece em vários lugares, mas sobretudo no capítulo sobre o direito à educação e o dever de educar (Arts. 4º ss), um cuidado insistente sobre a cobertura escolar obrigatória no 1º grau, ligada a padrões de qualidade. Quanto a estes, continuam bastante vagos, até porque ainda se usa a lingua-

gem arcaica de "ensino", sobretudo não se coloca bem a importância da qualidade do professor para a qualidade da aprendizagem dos alunos, mas vale ressaltar o seguinte:

- o acesso à educação fundamental como direito em qualquer idade (Art. 4º, I);
- a progressiva extensão da obrigatoriedade e da gratuidade à educação média (II);
- o atendimento gratuito em creches e pré-escolas às crianças de zero a seis anos, o que significa grande ousadia, tendo em vista nosso atraso na área (principalmente no atendimento até três anos) e os custos implicados (IV);
- a oferta de educação para jovens e adultos, inclusive regular;
- o acesso ao 1º grau como "direito público subjetivo, podendo qualquer cidadão, grupo de cidadãos, associação comunitária, organização sindical, entidade de classe ou outra legalmente constituída, e, ainda, o Ministério Público, acionar o Poder Público para exigi-lo (Art. 5º);
- todos devem cuidar que todas as crianças em idade escolar estejam freqüentando a escola; não ocorrendo isso, a petição no Poder Judiciário é de livre acesso a todos e ainda gratuita (§§ 1º a 6º);

c) a gestão democrática recebe ênfase explícita no Art. 14, de acordo com os princípios:
   - "participação dos profissionais da educação na elaboração do projeto pedagógico da escola; participação das comunidades escolar e local em conselhos escolares ou equivalentes";
   - com base nisso, asseguram-se "progressivos graus de autonomia pedagógica e administrativa e de gestão financeira" (Art. 15);

d) pode-se ver um avanço também na concepção da educação básica (Art. 21), em primeiro lugar, compreendida como sistema de "educação", não de "ensino", e, em segundo lugar, abrangendo desde a educação infantil até a educação média; discrepa nesse caminho a salada terminológica: sob o teto da educação básica, somente a infantil é "educação", ao passo que as outras duas ainda são chamadas de "ensino" (fundamental e médio); mesmo assim, sob essa ótica podem frutificar várias expectativas importantes para o futuro:

- tornar de acesso livre a todos, todos os níveis da educação básica, deixando para trás a idéia pouco sólida de obrigatoriedade apenas entre 7 e 14 anos, mesmo porque as teorias do desenvolvimento infantil não apoiariam tal corte;
- superar a educação infantil como mera pré-escola, mas, por outra, enfocando-a no contexto globalizante do desenvolvimento integral da criança;
- consagrar, aos poucos, que os níveis inseridos na educação básica são os mínimos exigidos para dar conta de um projeto próprio de desenvolvimento, ultrapassando-se as definições restritivas e antigas de analfabetismo;
- destacar o que é "básico" na educação, ou seja, o compromisso com o saber pensar e o aprender a aprender, levando-o para os fundamentos da educação permanente;
- abrir, desde logo, a possibilidade de matricular na educação fundamental crianças de seis anos de idade (Art. 87, § 3, I);

e) a própria Lei institui a Década da Educação, iniciando-se a partir da publicação da Lei (Art. 87); além de objetivos mais externos, a idéia volta-se para o cumprimento mais estrito da educação fundamental, implicando: matrícula de todos os educandos a partir dos sete anos, oferta de cursos presenciais e a distância aos jovens e adultos insuficientemente escolarizados, realização de programas de capacitação para todos os docentes em exercício, integração de todos os estabelecimentos de educação fundamental no sistema nacional de avaliação do rendimento escolar; fica, então, estabelecido que "até o fim da Década da Educação somente

> serão admitidos professores habilitados em nível superior ou formados por treinamento em serviço"; e define-se o esforço de todos no sentido de caminhar na direção do "tempo integral" nas redes urbanas.

Há um bom propósito nessa sugestão. Mas a formulação nem sempre é estrita, como é o caso da exigência de professores habilitados, acoplada com a alternativa de "treinamento" (*sic*) em serviço (Art. 87, § 4º). Concretamente, não se conseguiu estabelecer o nível superior como aquele adequado para docentes da educação básica em qualquer nível. E isso encobre ainda contradições profundas na Lei, que veremos a seguir.

3
RANÇOS DA LDB

Visão relativamente obsoleta de educação

A nova LDB, na verdade, não é inovadora, em termos do que seriam os desafios modernos da educação (Demo 1995c). Introduz componentes interessantes, alguns atualizados, mas, no todo, predomina visão tradicional, para não dizer tradicionalista. A Lei reflete, aí, nada mais do que a letargia nacional nesse campo, que impede de perceber o quanto as oportunidades de desenvolvimento dependem da qualidade educativa da população. É difícil fugir da constatação de que para a elite interessa, pelo menos em certa medida, a ignorância da população, como tática de manutenção do *status quo*. Essa percepção torna-se tanto mais complicada, porque para uma parte da elite já não poderia interessar o atraso, porque este não lhe dá mais lucro. A competitividade moderna da economia está intrinsecamente conectada com a questão educativa, ainda que se fixe no trabalhador. Entretanto, mesmo assim, pode-se afirmar hoje que um trabalhador que não sabe pensar já não é útil para a produtividade moderna.

É claro que, do ponto de vista do mercado, a educação somente interessa se for "útil". De modo algum se afirma aqui que o capitalismo teria se convertido. Apenas passou da mais-valia absoluta para a relativa, e continua tendo no mercado sua relação essencial, fora da qual "não há salvação" (Teixeira e Oliveira 1996; Demo 1995b). Acontece que o mercado competitivo precisa da energia inovadora do conhecimento, o que permite valorizar — sob risco — a educação, desde que seja possível fazer convergir educação e conhecimento. Enquanto o mercado, em sua lógica capitalista, fica tendencialmente apenas com o conhecimento (inovação), os educadores precisam postar-se do lado da educação (cidadania), sem responder a um posicionamento unilateral com o oposto (M.C.V. Costa 1994, pp. 15-20).

Nesse contexto, é necessário perceber que a teoria e a prática da educação no país são terrivelmente obsoletas. O Brasil é um dos países mais atrasados do mundo nessa parte.[1] A LDB não redime essa chaga, por mais que lance perspectivas inovadoras aqui e ali, como vimos acima. Para fundamentar esta análise, buscaremos mostrar duas vertentes analíticas:

a) a visão de educação não ultrapassa a do mero ensino, como regra;
b) o texto está enredado numa verdadeira "salada terminológica", redundando em linguagem e postura ultrapassadas, no todo.

Embora se trate de uma lei de educação, diz-se no Art. 1º, § 1º: "Esta Lei disciplina a educação escolar, que se desenvolve, predominantemente, por meio do *ensino*, em instituições próprias." Se olharmos bem para o significado usual do termo "ensino", percebe-se que, no fundo, ficamos com a "aula" como protótipo da educação escolar, o que certamente representa algo no mínimo medieval. Nenhuma teoria moderna importante daria aval a esse tipo de percepção. Tem-se, por trás, o esquema "ensino-aprendizagem", na clivagem arcaica que separa aquele que ensina daquele que aprende. Uma das marcas

1. Veja Pnud/ONU. *1990 ... 1996. Human Development Report.* Nova York: ONU.

da educação moderna está precisamente em não mais reconhecer um "profissional do ensino", já que o educador autêntico é o autêntico profissional da aprendizagem (Ehrenberg e Brewer 1994, pp. 1-17; Eisemon 1988).

Considera-se erro grosseiro tomar a aprendizagem do aluno como resultado de uma atividade chamada de ensino, primeiro, porque não se trata de uma decorrência necessária, e, segundo, porque não é de uma situação de ensino que resulta a aprendizagem.[2] As ditas teorias da instrução representam postura ultrapassada, porque refletem o ambiente equivocado do treinamento, que vem de fora para dentro e de cima para baixo, ao passo que as modernas teorias acentuam o papel central e insubstituível do esforço reconstrutivo do aluno, ainda que sob orientação crítica de um professor e em contexto social.[3] A aprendizagem legítima supõe, ao lado do esforço reconstrutivo do aluno, que precisa pesquisar, elaborar, reconstruir conhecimento com qualidade formal e política, o ambiente humano favorável, no qual se destaca o papel do professor. Assim, se fizermos a distinção entre fatores endógenos e exógenos da aprendizagem, diremos que, no lado endógeno, o esforço reconstrutivo do aluno é a alma do negócio, e, no lado exógeno, a presença dinâmica do professor é a condição principal, o que releva, ademais, o contexto necessariamente social da aprendizagem, como quer, por exemplo, Vygotsky, entre outros (Vygotsky 1989a, 1989b; Bernstein 1996).

Infelizmente, a LDB desconhece tal horizonte, ainda que toque nele de vez em quando. Assim, no Art. 3º, que define as bases sobre as quais o "*ensino* será ministrado", aparecem 11 tópicos que assinalam a igualdade de condições de acesso, a liberdade de aprender, ensinar, pesquisar e divulgar a cultura, o pluralismo de idéias, o

2. Um provérbio alemão diz: "Formação é aquilo que resta, depois que se esqueceu tudo" (*Bildung ist das, was übrig bleibt, wenn man alles vergessen hat*). Refere-se ao fenômeno humano da aprendizagem formativa, a única coisa que fica para a vida. O que se "decora" ou o que meramente se reproduz some no vento. No fundo, aponta para o esforço reconstrutivo do aluno como componente essencial da aprendizagem. Veja Demo 1995a.
3. Oliveira e Chadwick 1988. Aí temos um exemplar dos mais lídimos em termos de atraso educacional, aliás, típico do ambiente do Banco Mundial, como garante Chomsky. Veja entrevista com Chomsky em: Linhares e Garcia (orgs.) 1996.

apreço à tolerância, a coexistência entre sistema público e privado, a gratuidade da educação pública, a valorização do profissional da educação, a gestão democrática pública, a garantia do padrão de qualidade etc., mas dentro de um contexto ainda ligado ao ensino, tanto assim que esse termo comparece, além da frase introdutória do artigo em foco, em quatro dos itens citados. Essa salada terminológica aparece principalmente no momento em que se define a composição dos níveis escolares, no Art. 21: os níveis são dois: educação básica e educação superior; todavia, na educação básica, mantém-se o termo "ensino" tanto para o ensino fundamental como para o ensino médio, ao passo que a parte infantil recebe já o nome de educação.

Em certos momentos, tudo é ensino, como no capítulo sobre o direito e o dever de educar (Art. 4º, incisos): fala-se de "ensino fundamental", obrigatório e gratuito, inclusive para os que estão fora da faixa etária escolar; de progressiva extensão da obrigatoriedade e da gratuidade do ensino médio; do atendimento educacional especializado aos portadores de necessidades especiais, preferencialmente na rede regular de ensino; do atendimento gratuito em creches e pré-escolas (sem mencionar a educação infantil); do acesso aos níveis mais elevados do ensino, embora, com referência ao nível superior, fale-se de educação, não de ensino; do ensino noturno regular; e dos padrões mínimos de qualidade de ensino. Em particular este último item é contraditório, porque as melhores teorias tenderiam a mostrar que a conquista da qualidade supõe precisamente superar a noção de ensino. Nesse sentido, dever-se-ia falar de qualidade da educação, nunca do ensino.

Ao buscar — acertadamente — cercar a obrigatoriedade do 1º grau por todos os lados, usa somente a noção de ensino (Arts. 5º e 6º). Como regra, ao usar o termo sistema, este aparece ligado ao ensino (por exemplo: Art. 7º, I; Art. 8º etc.). Assim, mesmo falando da "organização da educação nacional" (Arts. 8º ss), os sistemas são de ensino. Um caso mais notório pode ser visto no Art. 9º, VI, ao falar do processo nacional de avaliação: "assegurar processo nacional de avaliação do rendimento escolar no ensino fundamental, médio e superior, em colaboração com os sistemas de ensino, objetivando a definição de prioridades e a melhoria da qualidade do ensino." Dificilmente se poderia imaginar uma salada terminológica mais completa, bem a gosto da visão retrógrada do Banco Mundial:

a) todos os níveis educacionais são tomados como ensino, inclusive o superior;
b) os sistemas educacionais seriam todos de ensino;
c) a questão da qualidade está referida ao ensino.

Logo mais na frente, no inciso VIII, ao falar da avaliação no nível superior, este reaparece como "educação superior". Entretanto, o processo avaliativo deverá ser feito em cooperação com os sistemas que tiverem responsabilidade sobre esse nível de "ensino". Essa confusão volta no inciso seguinte (IX): cabe à União, entre outras coisas, avaliar os cursos das instituições de "educação superior" e os estabelecimentos do seu sistema de "ensino". Ao tratar das incumbências dos estados e municípios, fala-se apenas de sistemas de ensino, embora o nível infantil apareça, em seu capítulo próprio, como educação (Arts. 10 ss).

No Art. 11, V, destaca-se a incumbência municipal de oferecer a educação infantil num texto que termina com o conceito certamente contraditório de "desenvolvimento do ensino". O Art. 12 reduz todos os estabelecimentos a estabelecimentos de ensino, desconhecendo que o nível infantil é de educação. Afinal, nosso sistema é de ensino ou de educação? Muitos poderão ver nessa discussão uma querela inútil em torno de simples palavras. Certamente, toda discussão conceitual pode cair no vazio, se brigarmos apenas por conceitos e termos. Não é o caso aqui. A visão da educação como ensino corresponde a uma época superada e por isso compromete não só a qualidade do texto, mas sobretudo a argumentação de fundo da Lei.

Essa Lei é do tempo em que o conhecimento era "adquirido", à revelia das teorias modernas que garantem tratar-se de processo reconstrutivo. Assim, no capítulo sobre 1º grau (Arts. 32 ss), aparece, entre suas bases e objetivos maiores, "o desenvolvimento da capacidade de aprendizagem, tendo em vista a *aquisição* de conhecimentos e habilidades e a formação de atitudes e valores" (Art. 32, III). Essa formulação é tanto mais inepta por conter, de um lado, a noção correta de "capacidade de aprendizagem", mas, de outro, estar vinculada à "aquisição de conhecimentos e habilidades". Embora tenha sido voz corrente na didática, é absolutamente impróprio imaginar que habilidades e conhecimentos sejam adquiridos (Veiga 1993; Wachowicz 1989; Candau (org.) 1990; Libâneo 1991). A expressão já não serve nem como metáfora, porque representa uma conotação inadequada na teoria e na prática.

Também na parte sobre o nível médio reaparece a mesma expressão obsoleta, quando define suas finalidades: "a consolidação e o aprofundamento dos conhecimentos *adquiridos* no ensino fundamental, possibilitando o prosseguimento de estudos" (Art. 35, I). Tal alusão é particularmente infeliz, pelas seguintes razões:

a) deixa de perceber a importância propedêutica do 1º grau, revelando outro ranço comprometedor da Lei, ainda que existam componentes muito pertinentes, como a concepção de "educação básica", como víamos;
b) isso fazendo, reduz o 1º grau a um processo de aquisição de conhecimentos, forçando uma imagem obtusa de um professor que vende ou repassa conhecimento e de um aluno que o adquire, retratando os desacertos típicos da noção "ensino/aprendizagem";
c) no fundo, a Lei mantém a aprendizagem como processo no qual o aluno se submete a uma intervenção externa, e no qual predomina a "pré-formação", não a formação;
d) comete a falha em si clamorosa de ver o prosseguimento dos estudos no processo de aquisição, deixando de lado que a base comum dos dois níveis (também dos outros, no fundo) é de estilo propedêutico ou metodológico, referenciado ao saber pensar e ao aprender a aprender.

Ao tocar no tema da educação de jovens e adultos (Arts. 37 e 38), vemos, outra vez, no § 2º do Art. 38, a referência a "conhecimentos e habilidades *adquiridos* pelos educandos por meios informais". O mesmo sucede na parte sobre educação profissional (Arts. 39 a 42), quando, no Art. 41, manda tomar em conta na avaliação "o conhecimento *adquirido* na educação profissional, inclusive no trabalho". Temos aqui dois prejuízos desnecessários ao texto da Lei:

a) parece algo muito importante, por exemplo, a concepção de educação profissional, porque corresponde a um dos ventos mais modernos na área; a questão profissional está menos ligada ao domínio técnico de habilidades factuais do que ao saber pensar, tendo em vista que sua renovação permanente representa o que há de mais profissionalizante numa profissão; estranha muito, por isso, que, havendo essa percepção, continue o discurso arcaico em torno de conhecimentos adquiridos, que exala a ambiência de "treinamento" por todos os poros; nesse sentido, o prejuízo está na ambigüidade do texto;
b) também parece muito importante exigir que nesses níveis educacionais (de jovens e adultos, bem como do campo profissional) se leve em conta sempre o que o aluno já traz de bagagem própria, também cultural; todavia, o texto revela uma percepção caduca da questão, pois remete a um processo de acumulação de conhecimentos quando hoje vemos aí muito mais um processo de reconstrução constante; o que fica da experiência de vida é o que se reconstrói com mão própria em contexto social, não o que se acumula de maneira reprodutiva; sobretudo diante da velocidade com que o conhecimento se inova e também envelhece, é improdutivo pretender acumulá-lo, porque isso somente o faria envelhecer ainda mais rapidamente; sua energia mais forte está, por isso, no saber pensar para melhor intervir, num processo permanente de renovação.

Para completar o quadro, também na educação superior aparece a visão ligada à aquisição de conhecimentos (Art. 43, V), mas disso falaremos a seguir. Diante dessa análise, parece bastante claro que a Lei reflete, em tom maior ou menor, a mesma despreocupação típica da história brasileira no campo educacional. O mundo anda numa certa velocidade, enquanto o Brasil se permite ficar "olhando a banda passar", como se o problema não lhe dissesse respeito. A questão mais grave é que não se trata apenas de despreocupação, mas, em grande medida, de um compromisso histórico com a ignorância popular. Não vamos aqui especular em torno da hipótese exacerbada, segundo a qual a elite manteria um projeto explícito a esse respeito, até porque seria exagero pendurar a LDB no mesmo cabide. Ela contém muitos avanços importantes, também por ter sofrido influência saudável do Senador Darcy Ribeiro, além de outros parlamentares relevantes e éticos.

Somos, todavia, levados a crer que ainda não tomamos a sério o problema da educação no país, porque fica a impressão de que os avanços se devem sobretudo a "concessões", diante de uma realidade que já não se poderia ignorar. Ao mesmo tempo, reaparece a ironia profundamente sarcástica: a política que mais estaria próxima da renovação do país é exatamente aquela que menos se renova, não só por conta de entraves clássicos do sistema, mas igualmente pelo corporativismo interno, que sempre prefere benefícios próprios, por vezes ridículos, aos interesses da população.

Esse gênero de contradição pode ser visualizado com clareza num tipo de ambigüidade marcante nessa Lei: já vimos a preocupação pertinente em torno da progressão do aluno, sobretudo no 1º grau, num contexto de busca intensa pela flexibilidade de acesso, avaliação e progressão; todavia, estando essa preocupação desgarrada dos compromissos modernos da aprendizagem, que privilegiam o esforço reconstrutivo do aluno com o apoio inteligente do professor e do sistema escolar, resta a impressão fátua de que o aluno tem de progredir a qualquer custo, também quando e talvez sobretudo quando não aprende. Mesmo insistindo razoavelmente sobre processos avaliativos do rendimento escolar, dificilmente fica claro que o objetivo primeiro e último é a aprendizagem do aluno e que tudo somente toma sentido a partir daí. Está em jogo aqui um tipo específico de competência humana, que necessariamente não decorre sequer de salários melhores. A própria valorização do magistério, que consideramos pedra angular de qualquer avanço significativo na educação básica, permanece unilateral, por priorizar mais o salário do que a competência humana implicada. Não vale certamente o contrário, mas parece evidente que a percepção moderna da aprendizagem recomendaria outro enfoque, capaz de valorizar tanto o salário quanto a formação permanente dos professores. Ao assumir — despreocupadamente —

que os professores estariam devidamente preparados, esquece logo do compromisso de atualização permanente, sem falar que sua formação original, como regra, é péssima, para dizer o mínimo. Uma das razões para essa precariedade extrema é a falta de modernidade nas faculdades e nas entidades onde se formam os educadores básicos, alienadas, profundamente, dos compromissos de aprendizagem reconstrutiva. Assim, ao pensarmos que estamos, finalmente, resgatando o professor, ao acenar com melhorias salariais em si por demais merecidas, podemos na verdade estar preparando a próxima arapuca se mais tarde tivermos de descobrir que, mesmo ganhando melhor, a aprendizagem não melhorou, nele e sobretudo no aluno.

Por outra, não estamos insinuando que a Lei devesse assumir posição teórica específica, por exemplo, incorporando a posição construtivista de teor piagetiano ou outra qualquer. Na verdade, não estamos defendendo aqui o "construtivismo", porque, além de ser quase sempre apenas modismo, representa tão-somente uma das vertentes teóricas possíveis e importantes. A Lei não pode, obviamente, ser piagetiana. Mas precisa, certamente, acompanhar os tempos, porque, no fundo, essa é sua função maior. Falamos, assim, de esforço reconstrutivo, sob o qual podemos agrupar todas as teorias modernas da aprendizagem de sentido emancipatório. Um professor realmente competente jamais aceitaria ser enquadrado numa teoria qualquer, porque imagina ser capaz de fazer a própria.

A velha universidade continua resistindo

Talvez não fosse exagero aventar que a parte mais caduca da LDB é sua visão de educação superior. Em razão disso, faremos dela uma análise mais circunstanciada. Para tanto, será o caso levar em conta também os limites de uma análise como esta, porque reflete, inevitavelmente, os limites do analista, inclusive sua ideologia pessoal. Não pretendemos desdizer a Lei, o que já seria "chover no molhado", mas travar uma polêmica criativa, que seja capaz de alimentar algumas inovações que continuam soterradas sob o chão endurecido de uma instituição que literalmente está de costas para o futuro e sob os mais variados corporativismos internos (Giannotti 1986; Coelho 1988; Buarque 1994).

A primeira observação poderia voltar-se para a linguagem arcaica perdida no atual enredo das finalidades genéricas da educação superior (Art. 43, incisos). Aí constam, como finalidades essenciais:

a) "estimular a criação cultural e o desenvolvimento do espírito científico e do pensamento reflexivo"; um texto assim formulado revela apenas que não diz nada de específico, primeiro, porque, em si, é finalidade de qualquer nível educacional, faz parte de qualquer propedêutica criativa, e, segundo, destaca o pensamento reflexivo de modo irrefletido, servindo apenas para incutir expectativa especulativa e distanciada da prática; ademais, a questão da ciência, tomada como finalidade crucial da educação superior, não significa apenas um "espírito", mas a base mais evidente da modernidade, implicando, ao mesmo tempo, o compromisso com a reconstrução permanente do conhecimento e sobretudo de sua humanização; por fim, uma formulação vaga como essa instila a idéia de que a universidade continua sendo o "mundo da lua";
b) a segunda finalidade — de formar diplomados profissionais para a sociedade — tem momentos bons, como a indicação da "formação contínua" e a ligação com a sociedade e não apenas com o mundo profissional do trabalho, mas esquece de acenar para a preocupação central moderna, que é, ao lado da formação contínua, o compromisso com a capacidade de reconstrução do conhecimento com base na pesquisa avançada; ademais, ao falar de "diplomados" incentiva a pecha atual de estudos superiores que apenas dão diploma, se tanto, permanecendo primitivos perante os desafios do mundo moderno;
c) por isso mesmo, a pesquisa e a investigação científica aparecem apenas no terceiro momento, voltadas para o desenvolvimento da ciência e da tecnologia, bem como da difusão da cultura; a falha mais grave do texto está em não apontar para a relevância educativa da pesquisa, o que já promove

sua separação e provável subalternidade diante de outras finalidades (Demo 1996b, 1991); já não se pode manter que pesquisa faz apenas parte do mundo da universidade, porque é sua mola mestra, desde que, para além de princípio científico, tome-se como princípio educativo essencial da formação de alunos e professores; a indicação, ao final do mesmo item, de "desenvolver o entendimento do homem e do meio em que vive", além de apenas piedosa e solta, revela o sentido instrumentalista da pesquisa, ao bastar-se com o plano analítico do homem e do meio; só falta dizer que a universidade estaria a serviço da verdade, para encobrir que está a serviço do sistema;

d) a quarta finalidade expressa um dos atrasos mais gritantes, ao referir-se à "divulgação de conhecimentos culturais, científicos e técnicos que constituem patrimônio da humanidade e comunicar o saber através do ensino, de publicações ou de outras formas de comunicação"; uma instituição que apenas faça tal divulgação e comunique o saber, a rigor, já não é necessária, além de custar o que não vale; se o texto tomasse a sério o mundo moderno da comunicação, veria que a questão da divulgação será resolvida em outras instâncias (Lévy 1995; Lojikine 1995; Dreifuss 1996); o que permanece como essencial na universidade é a capacidade de produção própria de conhecimento, o que implica também sua divulgação, mas na ordem das decorrências, não da essência; não se trata de denegrir o patrimônio científico da humanidade, mas a vocação principal não será a de ser museu do homem;

e) a quinta finalidade refere-se à importância de "suscitar o desejo permanente de aperfeiçoamento cultural e profissional", o que parece correto, embora a noção de "desejo" revele sobretudo uma linguagem inespecífica; entretanto, é nesse item que volta a percepção arcaica da "*aquisição* de conhecimentos", acenada aqui como processo cumulativo geracional; é flagrante que, se nisto ficarmos, estamos de costas para o futuro; o texto mostra sobretudo a incapacidade de lidar adequadamente com os mandatos essenciais da educação superior dentro do mundo moderno, que não podem restringir-se a "desejos" e conhecimentos repassados em cada geração;

f) a sexta e a sétima finalidades buscam traduzir o esforço de plantar a educação superior na realidade concreta, mas enredam-se no conceito obsoleto de extensão como "serviços especializados à comunidade" ou como trabalho de difusão cultural; é quase inacreditável que se continue acenando para esse horizonte como coisa essencial da universidade, tendo em vista que a discussão atual já definiu esse tipo de extensão como "má consciência" (Batomé 1996).

A bem da verdade, o fato de o texto não conter, em algum lugar ou como primeiro lugar, a indicação da trilogia pretensamente fundante da educação superior como sendo "ensino, pesquisa e extensão" já é um avanço enorme, porque pelo menos não está escrita diretamente. Todavia, permanece o mesmo espírito ainda perdido em "filosofadas homéricas", de um lado, e, de outro, voltado para cenários ultrapassados. Uma noção moderna de pesquisa, como princípio científico e educativo, não carece de extensão, porque é implícita. A importância da reconstrução permanente do conhecimento está, mais do que tudo, em sua implicação prática. Trata-se de um saber pensar que, de maneira alguma, basta-se com pensar, pois sua razão de ser é a de intervir. Assim, uma universidade que precisa da extensão extrínseca mostra nisso apenas que não sabe pesquisar ou sobretudo que não consegue compreender o que é pesquisa no mundo moderno (Demo 1996b; Altbach 1995, pp. 5-26; Didriksson 1995, pp. 53-84; Gómez 1995, pp. 143-158; Kipnis e Bareicha 1995, pp. 365-376; Lindo 1996, pp. 73-88; Molina 1995, pp. 85-111; Schimank 1996, pp. 279-292).

Nessa esteira, continua a ambigüidade terminológica entre educação e ensino, como é o caso do Art. 45: "A educação superior será ministrada em instituições de ensino superior, públicas ou privadas, com variados graus de abrangência ou especialização." É uma pena que a noção correta de educação se perca, tão prosaicamente, nos caminhos do mero ensino. Se olharmos bem, uma instituição de ensino, em particular no nível superior, tende a favorecer o "mero" ensino, ou seja, a subserviência ao modelo reprodutivo, obstaculizando o compromisso com a reconstrução própria de conhecimento (Bourdieu e Passeron 1975). De fato, a maioria das "instituições de ensino superior" afoga-se em estruturas totalmente arcaicas que, mesmo buscando definir-se como inovadoras, fazem parte do atraso. Erra-se completamente perante os desafios profissionais, porque já não há como manter-se profissional com mero ensino ou treinamento. No fundo, encontra-se por lá apenas um diploma, como a própria Lei insinua (Luckesi *et al.* 1991; Marques 1984; Brum 1994; Albornoz 1985; Favero 1980; Gurgel 1986; Minogue 1981; Penteado 1991; S. Schwartzman 1981).

Para completar a ambigüidade terminológica, o Art. 46, em vez de falar de instituições de ensino superior, muito naturalmente fala de "instituições de educação superior", e acrescenta uma idéia central, ao lado do espírito flexibilizante institucional do artigo anterior: "a autorização e o reconhecimento de cursos, bem como o credenciamento de instituições de educação superior, terão prazos limitados, sendo renovados, periodicamente, após processo regular de avaliação." Nos próximos dois parágrafos especificam-se as circunstâncias da avaliação, que pode chegar à intervenção e ao descredenciamento. Parece muito adequada essa providência, entre outras coisas, para combater a instituição de mero ensino, embora o texto não forneça essa direção.

O espírito do ensino é parte central do Art. 47, em que se define o "ano letivo regular", que deve ter pelo menos 200 dias de trabalho acadêmico efetivo. O fato de não dizer que se trata de 200 dias de "aula" já é lucro, mas parece insofismável que, no fundo, o ano letivo é um monte de aulas, sob a perspectiva do conceito de ensino. No § 3º isso fica mais claro, quando se define como "obrigatória a freqüência de alunos e professores, salvo nos programas de educação a distância", manifestando uma expectativa tipicamente escolar, em seu sentido negativo. O importante mesmo é a aula, e, no fundo, instituição de ensino é aquela dedicada a dar e ouvir aulas. Nossos alunos continuam aprendendo muito pouco, como mostram os dados atuais, mas os professores ainda acreditam na importância de suas aulas. A maioria estaria disposta a ver na falta às aulas um prejuízo insanável para o aluno. A realidade já mostraria o contrário: aluno que perde aula não perde nada. Porquanto tem coisa muito mais decisiva a fazer na vida, que é pesquisar, formar-se propedeuticamente, elaborar com mão própria etc. (Fontana 1996; Penin 1994; Ramos 1995; T.M.N. Silva 1990; Vasconcellos 1995; Gandin 1995).

Assim, o texto confunde freqüência às aulas com aprendizagem. Enquanto o Primeiro Mundo pesquisa, o Terceiro dá aula, e, na prática, é em grande parte Terceiro Mundo porque apenas dá aula, ou seja, permanece subalterno a processos impostos de construção de conhecimento. Aqui temos uma das resistências mais obsoletas e também inúteis da atual universidade, porque o conhecimento moderno vai passar por cima simplesmente. A confusão entre freqüência e aprendizagem é típica da expectativa sobre educação a distância, que, em outros momentos, também é "ensino a distância" (Art. 32, § 4º). Deixando de lado a dança terminológica, parece que a Lei aceita essa modalidade como adequada, sem implicar freqüência de alunos e professores. Ora, se pode haver educação sem freqüência de alunos e professores, certamente é porque a aprendizagem não é questão de freqüência, mas de outras condições que, infelizmente, o texto não sabe apresentar e codificar.

Nesse mesmo caminho, o § 4º consagra cursos de graduação no período noturno, "nos mesmos padrões de qualidade" dos diurnos, e obriga as instituições públicas a aderir a eles. Há uma boa intenção, além de uma necessidade aí, porque a maioria dos jovens só pode estudar à noite. Esse direito não lhes poderia ser negado. Mas, ao instituir os cursos noturnos e assumir que terão a mesma qualidade dos diurnos, sem apresentar qualquer condição específica, repassa a idéia fátua de que é viável fazer a mesma qualidade em condições absurdamente diferentes. Na prática, aceita-se isso também porque se imagina que em ambas as circunstâncias se trata sempre e apenas de mero ensino. Nesse sentido, quem tem quatro horas de ensino, de dia ou de noite, está fazendo a mesma coisa, ou seja, não está aprendendo quase nada.

No Art. 52, ao definir as universidades como "instituições pluridisciplinares de formação dos quadros profissionais de nível superior, de pesquisa, de extensão e de domínio e cultivo do saber humano", faz de novo predominar a visão formalista que, no fundo, basta-se com mero ensino. Além de acenar para as ambigüidades dos termos ensino, pesquisa e extensão, acrescenta um entendimento restritivo da "produção intelectual institucionalizada", voltada para o "estudo sistemático dos temas e problemas relevantes", permanecendo no plano mais vago possível, para não dizer aéreo. Mesmo apontando para a referência regional e nacional, o termo "estudo" serve para qualquer coisa, sobretudo para o mero ensino. O mais grave vem a seguir, quando se basta, perante o corpo docente, com meras formalidades: um terço pelo menos deve ter titulação acadêmica de mestrado ou doutorado, e um terço deve ter tempo integral. Certamente supõe-se que tudo isso esteja sobretudo a serviço do ensino, perdendo-se a oportunidade de estabelecer que, mais do que essa formalidade, é essencial a capacidade de reconstruir conhecimento. Mas esse desafio, a rigor, a universidade como um todo ou de modo geral ainda não descobriu.

Esse pano de fundo comprometedor torna outros anseios da universidade muito frágeis, como o desejo intenso de autonomia e o subterfúgio de avaliações meramente internas. No Art. 54, fica estabelecido o "estatuto jurídico especial para atender às peculiaridades de sua estrutura, organização e financiamento pelo Poder Público, assim como dos seus planos de carreira e do regime jurídico do seu pessoal". Não seria difícil argumentar em favor de um regime especial se a universidade fosse também especial. Por exemplo, para poder pesquisar com a liberdade que a visão moderna de conhecimento inovador exige, é imprescindível a autonomia, não tanto como algo especial, mas como parte intrínseca do negócio. Entretanto, para uma instituição tão resistente às inovações, que apenas fala de inovação como se fosse sua prerrogativa, mas não consegue inovar-se minimamente, ou seja, que não tem no fundo nada de especial, torna-se complicado e mesmo sarcástico solicitar privilégios dessa ordem. Já foi um erro histórico crasso enfiar a universidade pública no mesmo novelo do funcionalismo público, porque levou dele sobretudo suas artimanhas arquissabidas: isonomia, estabilidade, aposentadoria integral, licenças de todos os tipos etc., sem qualquer vínculo com a "produtividade". Disso também decorreu o outro lado da mesma medalha: em troca de tais privilégios, cabe pagar mal, o que permite outro efeito corporativista clássico: entupir a instituição de pessoal desnecessário ou inadequado.

O que a universidade deve ter de especial é mérito acadêmico inequívoco, comprovado na capacidade permanente de reconstrução própria de conhecimento, formação extremamente qualitativa de seus alunos, habilidade de manejar a fronteira das inovações importantes na sociedade e na economia. Se esse fosse o caso, haveria pouco que reclamar sobre custos, por exemplo, porque não existe educação qualitativa barata, mas sobretudo porque, sendo o manejo inteligente do conhecimento o fator diferencial entre os povos, não há preço para essa competência humana. Isso também fundamentaria, de sobra, sua gratuidade, não, porém, o discurso social mentiroso que imagina estar defendendo os pobres. Estes não passam do 1º grau.

Ao mesmo tempo, mérito acadêmico tem correlação forte com procedimentos internos de avaliação, que supõe uma progressão em termos de títulos e sobretudo produtividade científica comprovada e permanente. Mas supõe, mais que tudo, a coragem de se expor para fora, desde o que poderíamos chamar de "mercado cultural" ao estilo de Bourdieu (Bourdieu 1987, 1989, 1996) até processos recorrentes de típica avaliação externa, sob variadas formas, que incluem aquela feita por pares e até aquelas que aceitam expressões da sociedade como tal. Todavia, não existe nada que a universidade mais tema do que ser avaliada, em flagrante contradição com seus princípios básicos de avaliação dos alunos. Qualquer teoria moderna de avaliação irá afirmar que a autoridade do avaliador só pode provir de estar sempre sob processo de avaliação. Assim, uma universidade que resista a ser avaliada já não tem condição de avaliar ninguém.

Por outra, os tempos andam, enquanto a universidade permanece parada. Sob o impacto das inovações modernas e pós-modernas no campo do conhecimento, o currículo passou a considerar prioritária a pesquisa, no professor e no aluno, permitindo formas muito alternativas de organização, com implicações práticas ostensivas. Entre elas está o fato de que, para orientar alunos em processos de pesquisa recorrente, já não cabe o currículo composto de um acúmulo de aulas expositivas como expediente didático central. Decorre daí, também, que o número de professores pode cair para menos da metade, desde que sejam professores com mérito acadêmico. Isso permitiria obter um efeito importante de desoneração de custos e que poderia (deveria) ser aplicado na remuneração dos professores produtivos. A universidade, todavia, resiste bravamente a passar do currículo extensivo para o intensivo, primeiro, porque a grande maioria de professores só sabe dar aulas, não pesquisa permanentemente, não tem noção de vida acadêmica moderna;[4] segundo, porque implica redução de pessoal, confundida imediatamente com artimanha neoliberal, quando na verdade é apenas reflexo do mérito acadêmico e do currículo intensivo; terceiro, porque, sendo parte do funcionalismo público, imagina-se que recursos públicos estariam disponíveis à vontade e que a população — que é a origem desses recursos — não faz mais do que sua obrigação em manter uma instituição que lhe significa sobretudo um atraso de vida.

A Lei perdeu uma grande oportunidade de pelo menos colocar a educação superior em outros trilhos, mesmo sem grandes inovações. É verdade que o princípio da avaliação está consagrado em outra parte, como vimos acima, mas nesta parte não comparece, numa visível concessão ao corporativismo interno. Não se estabelece o "preço" da autonomia, ou seja, a necessária contrapartida em favor da sociedade. Torna-se, assim, vazio o pleito de "recursos suficientes" para manutenção e desenvolvimento das instituições de educação superior" (Art. 55), porque não há critério claro dessa "suficiência". Acurando o espírito crítico, talvez fosse o caso reconhecer que, na maioria dos casos, é gasto inútil para a sociedade investir nessa área do jeito em que está. De fato, o que se vê é uma decadência cumulativa, enredada num déficit orçamentário dificilmente recuperável, ao mesmo tempo em que, imitando o funcionalismo público, as aposentadorias precoces estão dizimando a competência humana instalada. Por ironia, os que produzem, fazem-no, como regra, contra tudo e contra todos, e sob desgaste pessoal e familiar inacreditável.

4. Sobre currículo intensivo, veja: Demo 1996b, segunda parte.

A resistência à avaliação externa já se tornou absolutamente suspeita, porque, diante da precariedade clamorosa das instituições e de seus resultados, há tudo para esconder. O próprio Ministério colabora nessa direção, também porque está repleto de gente da universidade que, no fundo, defende-a de modo corporativista. Essa tendência aparece, por exemplo, no Programa de Avaliação Institucional da Universidade Brasileira (Paiub), um processo tipicamente *intramuros*, e que, por isso, jamais ultrapassa maquiagens institucionais. A recente resistência perante a avaliação de concluintes, que chegou a mobilizações em plano nacional, revela dois desacertos, no fundo, combinados: de um lado, o mau jeito do MEC, que, em sua soberba bancária, imagina poder fazer o que bem entende, de cima para baixo e de fora para dentro; de outro, a mesquinhez da universidade, que se imagina intocável, enredando-se no círculo vicioso de imaginar-se fortalecida porque evita ser avaliada.

A Lei, nesse sentido, consagra a brutal banalização da área, que permite, entre outras coisas, considerar "universidade" entidades absolutamente primárias, que não só não possuem mínimos de formalidades em termos de títulos, mas sobretudo não têm nem conseguem ter condições mínimas de reconstrução própria de conhecimento. Afinal, o que haveria de comum entre uma Universidade de São Paulo, considerada a melhor do país, e outra de fundo de quintal, que conseguiu o título de universidade por evidente cabala por trás dos panos? Há muito tempo, mérito acadêmico sumiu de nosso meio.

Com esse pano de fundo, a questão da autonomia ainda vai provocar muito ranger de dentes, porque, tomada a sério em seu lado financeiro, significaria que, dentro de um orçamento definido, a entidade precisa manejar-se por si mesma. Mas, como não existe noção adequada de mérito acadêmico e de compromisso social, imagina-se autonomia como liberdade de gastar sem devida retribuição. Aborrece muito a universidade qualquer limite de gastos, passando a defender a mesma noção perversa de autonomia que existe, por exemplo, no Congresso Nacional: os congressistas acham que são autônomos para gastar recursos públicos, ao passo que deveriam ser os primeiros guardiães contra seu mau uso. Não têm qualquer pudor em aumentar o quadro de assessores sem concurso, permanecer com aposentadorias vergonhosas, trabalhar no máximo metade de algumas semanas no ano, e assim por diante. Não há dúvida: autonomia é questão de mérito, não de burocracia ou de malandragem histórica (Braga e Tramontim 1992, pp. 53-70; Calcagnotto 1994, pp. 139-154; Silva; Monteiro e Rosa 1995, pp. 201-238).

Por fim, o capítulo sobre educação superior só poderia acabar defendendo "aula": "nas instituições públicas de educação superior, o professor ficará obrigado ao mínimo de 8 horas semanais de aulas" (Art. 57). Podemos ver nisso um monte de absurdos:

a) se fosse o caso dar aulas, oito horas semanais significam "moleza" típica de entidade pública privilegiada, também diante dos professores de educação básica, que, como regra, dão, por dia útil, até 12 horas de aulas, apenas para sobreviver;
b) a própria necessidade de inventar esse artigo indica que haveria freqüentes casos de quem não dá aula, ou de outros que dão demais, coisa típica de ambientes privilegiados e que se organizam em torno de privilégios;
c) o texto traduz total distanciamento do currículo intensivo, dentro do qual a aula é apenas expediente subsidiário;
d) ao traduzir uma obrigatoriedade mínima de aulas, sem falar em obrigatoriedade da pesquisa, sinaliza a situação encardidamente obsoleta das instituições superiores.

Atrasos eletrônicos

É algo muito preocupante que a Lei não se refira à informática educativa, praticando um desconhecimento inacreditável neste final de milênio. Entretanto, faz alguma referência à educação (ensino!) a distância. No Art. 80, diz-se: "O Poder Público incentivará o desenvolvimento e a veiculação de programas de ensino a distância, em todos os níveis e modalidades de ensino, e de educação continuada." Cabe reconhecer que fica estabelecido o interesse claro por formas de educação a distância, embora dentro da salada terminológica típica, que confunde despreocupadamente educação e ensino. Todas as modalidades de "ensino" são permeáveis a esse tipo de aproveitamento tecnológico (Castro 1996, pp. 19-34; A.P. Costa 1994, pp. 2-12; Gandin 1996, pp. 9-18; Lima e Rocha 1996, pp. 71-98; Tenório 1996, pp. 51-70; Vallin 1996, pp. 35-50; Machado 1988, pp. 344-350; Markert 1991, pp. 87-114).

Exige-se o credenciamento pela União das instituições, o que, de um lado, significa cuidado em torno da área, mas, igualmente, certa dose de centralização pouco condizente com o espírito anterior da Lei (Art. 80, § 1º). Também perante o problema dos requisitos para realização de exames e registro de diploma, será necessária a intervenção da União (§ 2º). Entretanto, passando para o nível da produção, do controle e da avaliação de programas de educação a distância e a autorização para sua implementação, trata-se de competência dos respectivos sistemas de educação, podendo ainda haver integração entre eles (§ 3º). A seguir, garantem-se alguns privilégios com respeito a custos de transmissão, concessão de canais e reserva de tempo mínimo (§ 4º, incisos). Em suma, a Lei dedica um artigo somente a essa matéria, que, além de tudo, é vista apenas como uso da televisão.

É flagrante a pequenez desse horizonte. Não tem condição mínima de abrir espaços pertinentes, também porque a Lei não participa das discussões modernas em torno da aprendizagem. De fato, a educação a distância teria de ser compreendida como um expediente a mais, além de tipicamente moderno, de aprendizagem adequada. Existe nesse campo uma polêmica que a Lei não tem por que apadrinhar e que se refere ao desafio reconstrutivo de meios eletrônicos, reconhecido por muitos, mas também negado por outros tantos. É conhecida a posição de Papert, que, sob influência de Piaget, sempre pretendeu uma "informática reconstrutiva" (Papert 1994; AEC abr./jun. 1996; Rodrigues 1994). Esse posicionamento traduz, desde logo, a crítica às propostas atuais que se restringem à mera instrução ou ao mero treinamento (Armengol 1986). Todas as avaliações conhecidas mostram que a educação a distância tem sido um expediente muito pálido de aprendizagem. Apenas ver televisão, por mais atraentes que sejam os programas, não garante a aprendizagem, porque esta passa, em primeiríssimo lugar, pelo esforço reconstrutivo dos alunos. Assim, temos aí uma comprovação essencial da baixíssima utilidade da mera aula, ainda que dotada de todos os enfeites e efeitos especiais que a televisão pode inventar. Ruiu por terra a expectativa banalizante de que tal modalidade educacional viria facilitar a vida das pessoas, chegando-se ao exagero de que a própria distância teria efeito pedagógico. Pois não tem (Winograd e Flores 1986; Flores 1996).

Mesmo assim, há um lugar proeminente para tais tecnologias no plano do acesso quase ilimitado à informação. Assim, para manter-se informado, já não é necessário recorrer à aula. Podemos ter praticamente tudo em casa, a distância. Essa chance cresce numa velocidade extraordinária se olharmos não só para a televisão, mas para todos os expedientes eletrônicos disponíveis, tais como, computador, CD, circuitos específicos, redes etc. Se essa ótica for correta, o uso dessa tecnologia não resolve o problema específico da aprendizagem ou da formação, embora possa resolver o da informação, o que não é pouco (Lojikine 1995; Schaff 1995; Lévy 1995).

Ademais, podemos realçar outra face importante, que é a da motivação moderna e lúdica, algo fundamental para processos mais prazerosos de aprendizagem, sobretudo para crianças e adolescentes. Perante o crescente desinteresse com respeito à escola e a seus professores, a educação a distância — que passa a ser entendida como termo metafórico, pois a distância não educa — traz novo alento, desde que os sistemas despertem para essa realidade e preparem seus professores para tanto. Nesse sentido, devemos considerar lacuna deplorável na Lei a falta de direcionamento no campo da "informática educativa". Parecem-nos particularmente comprometedoras:

a) a falta de indicação de sua importância na formação dos professores, o que leva à conivência com o atraso atual;
b) a falta de indicação de sua importância para os cursos de educação e correlatos, por serem os lugares específicos de humanização dessa tecnologia, ou seja, de teoria e prática de seu possível teor educativo;
c) a falta de indicação dessa modernidade na educação superior, no fundo deixando o problema nas mãos privadas das grandes redes de televisão;

d) a falta de indicação da utilidade gerencial da informática nos sistemas de educação, também para fins de avaliação expedita do rendimento escolar e da freqüência de alunos e professores;
e) a despreocupação cândida perante os problemas complexos de aprendizagem na educação a distância, restringindo-se ao intento de simples disciplinamento da área, sob tutela da União;
f) a falta de indicação clara com o compromisso da aprendizagem, até mesmo para não transformar a tutela da União em intervenção apenas formalista.

Com o declínio das discussões em torno da "inteligência artificial", superadas em favor de teorias e práticas da aprendizagem como característica humana fundamental, as expectativas sobre a informática tomaram outro rumo. Basta olhar para a evolução da Universidade Aberta de Londres, que tem aumentado, no decorrer dos anos, o número de monitores, deixando um pouco de lado o fetiche da mera distância e passando a acreditar cada vez mais no estudo dirigido, ou coisa similar. Alguns mitos do esquema obsoleto "ensino/aprendizagem" estão caindo por terra, entre eles:

a) a aula já não pode ser tomada como didática central; o mais importante são ambientes instigadores de aprendizagem, que façam convergir a presença exemplar de um professor capaz de reconstruir conhecimento com o esforço reconstrutivo permanente do aluno;
b) apenas ver televisão não faz ninguém aprender; o mais comum é ocorrer o inverso, ou seja, um efeito imbecilizante, na medida em que meios eletrônicos promovam a expectativa de não ser necessário saber pensar;
c) possivelmente é impraticável uma informática lidimamente reconstrutiva, porque a inteligência é fenômeno humano, não eletrônico; assim, informática educativa é algo mais metafórico do que real, embora talvez pudesse existir uma informática educativamente informativa.

Todavia, mais grave do que problemas de interpretação, que sempre variam de acordo com o espaço e o tempo, é a despreocupação da Lei nesse setor, revelando comprometedor atraso, incompreensível nesta altura dos tempos (Brunner 1996, pp. 89-96; Assis 1996, pp. 209-228; Buarque 2º semestre 1994, pp. 29-41). Quanto à educação a distância, cabe dizer que a preocupação é de ordem tendencialmente formalista, não manifestando propriamente cuidado em torno da aprendizagem como tal. Essa lacuna poderá eclodir no aproveitamento tendencialmente apenas comercial, à sombra das banalizações mais sonsas, como a expectativa de que se poderia chegar a diplomas sem muito esforço.

Alguns problemas com o mundo do trabalho

Referimo-nos aqui à parte da Lei que trata do nível médio e de outros níveis próximos como a educação de jovens e adultos, bem como da educação profissional (Abicalil 1996, pp. 18-26; Arbix 1996, pp. 171-190; Berthold e Fehn 1996, pp. 583-613; Carranza 1995, pp. 527-555). Há nesse campo propostas muito atualizadas e adequadas, mas, seguindo nosso roteiro, cabe destacar aqui as precariedades.

Quanto ao "*ensino* médio", definido como "etapa final da *educação* básica", continua enredado na visão antiga de curso de passagem, contradizendo já nisto a noção de etapa final de um ciclo (Oliveira 1996, pp. 285-312). Tem de positivo o fato de, por pressão do mercado que evolui rapidamente, introduzir alguma preocupação com uma educação flexível que permita "continuar aprendendo" (Art. 35, II). Essa marca moderna, todavia, está confundida com um curso apenas de passagem, seja porque a terminalidade em termos de profissões técnicas é apenas uma possibilidade e visivelmente não a mais relevante (Art. 36, § 2º), seja porque a noção propedêutica de fundo continua perdida em generalidades arcaicas (Colclough 1996, pp. 589-610; Deluiz 1995, pp. 15-21; Deluiz 1996, pp. 14-25).

Com efeito, a idéia corretíssima de aprendizagem permanente não deveria conflitar com a terminalidade explícita da educação média em uma de suas versões, porque isso revela, desde logo, noção deficiente de mercado (Dubar 1996, pp. 179-193; Labarca 1996, pp. 53-70). Assim, a proposta de que seus conteúdos, suas metodologias e suas formas de avaliação teriam de levar ao "domínio dos princípios científicos e tecnológicos que presidem a produção moderna" (Art. 36, § 1º) pode ser mal interpretada como certa subserviência ao mercado, além de supor nexo precário com a propedêutica moderna, menos ligada a domínio de conteúdos. Estes envelhecem rapidamente, sobretudo diante de um mercado sofregamente veloz. O que menos envelhece é o saber pensar, por ser da ordem dos procedimentos metodológicos comuns.

O fazer profissional não deixa de ser decisivo, até porque saber pensar não pode ser profissão, mas se não for acolhido no contexto da renovação permanente, não há profissão moderna que subsista. Nesse sentido, a Lei incide numa dubiedade muito desfavorável aos alunos: ou não confia no sistema educativo, por não ser capaz de garantir um mínimo de condição profissionalizante, ou não confia no mercado, que é muito restrito ou passa à margem da escola (Meer c Wielers 1966, pp. 29-46; Kamens, Meyer e Nevavot 1996, pp. 116-138; Queiroz 1996, pp. 26-32; Régnier 1995, pp. 3-13; Ammann 1994, pp. 51-68).

Um resultado dessa dubiedade repercute no capítulo sobre educação de jovens e adultos (Arts. 37 e 38) e profissional (Arts. 39 a 42), que têm de bom o fato de entender a problemática como questão de "educação", mas tem de defeito sua utilidade duvidosa. Com efeito, uma concepção mais arredondada de educação dispensaria o capítulo sobre educação profissional, pois não é necessário dentro de uma concepção mais completa de educação de jovens e adultos em conexão com uma proposta mais sólida de educação média (Mizala e Romaguera 1996, pp. 101-141; Mizala e Romaguera 1996, pp. 15-48).

O problema está em encontrar um termo médio entre a expectativa de mercado, que é inevitável para as pessoas ganharem a vida, e a competência humana que deve poder se contrapor ao mercado, privilegiando o objetivo e a ética da cidadania sobre a produtividade econômica. De fato, temos uma história marcada pela pieguice social, que imagina poder enfrentar o mercado com simples "filosofadas", o que marca, por exemplo, a concepção de educação média destituída de terminalidade específica, ou a concepção de incorporar o mercado em tipos obsoletos de formação técnica. Diante dessa análise, seria o caso esperar:

a) cursos médios especificamente profissionalizantes ou terminais nesse sentido, sem direito a pleitear vaga na universidade, a não ser voltando pelo menos em parte para trás; ou seja, deve existir o nível médio terminal, sem com isso incidir na subserviência ao mercado, já que o tom profissional moderno se alimenta principalmente do saber pensar, e não do mero fazer; é indispensável "saber fazer", para sempre renovar o fazer;
b) a educação de jovens e adultos deve prever, naturalmente, sua incidência profissionalizante, para não ficar em perfumarias residuais que não interessam a ninguém; nesse sentido, a educação profissional está contida naturalmente em qualquer proposta de educação de jovens e adultos;
c) por outra, a ligação com o mundo profissional precisa ter uma conexão clara com o trabalho, mais do que com o emprego; entra em cena a questão da empregabilidade, que, na Lei, está no máximo no pano de fundo, bem lá no fundo (Rifkin 1996); a despreocupação relativa com essa problemática torna a LDB um texto já ultrapassado, além de piegas;
d) essa deficiência representa um cochilo lamentável, sobretudo se levarmos em conta que o desafio do trabalho implica profundamente o da educação básica, naquilo que é básico em educação, ou seja, a problemática propedêutica, que nunca é bem colocada na Lei; assim, em suma, não resolvemos nada de importante nessa parte, imprimindo na Lei um tom ainda "pedagogista".

A educação profissional prevista na Lei tem de bom o fato de afirmar modalidades não-formais ou menos formalistas de educação para quem não teve a oportunidade de se educar na idade prevista (Paiva 1991, pp. 95-122). Está aí uma brecha importante para acolher as experiências do tipo Senai e Senac, que podem merecer reparos atualizantes, mas representam um patrimônio essencial em nossa história profissionalizante. Mas é incongruente propor o direito à educação de jovens e adultos que não seja, naturalmente, profissionalizante, porque se incide na balela da separação artificial entre educação e mercado, ou na pieguice pedagogista que imagina poder dispensar o mercado. Sem maiores aprofundamentos, seria o caso conclamar aqui o "enfoque integrado" do desenvolvimento, que gira em torno da educação e do conhecimento, mas não pode afastar-se, para ser realista no mundo capitalista, da necessidade de interferir no mercado. Porquanto, toda política social que não implica interferência no mercado, já é residual (Cepal 1992; Cepal/Orealc 1992. Veja críticas a respeito em: Demo 1997a).

É candente hoje a problemática do trabalho no mundo moderno, sem falar no ambiente polêmico em torno dela, que implica excitações ideológicas de toda sorte, a começar pela questão neoliberal. (Offe 1995, 1984, 1989 e 1991; Markert (org.) 1994, 1996). Todavia, mais importante do que a contraposição às invasões neoliberais é a questão do conhecimento, que está implicada, até o pescoço, nos efeitos anti-sociais da economia moderna (Frei Betto 1996, pp. 12-23; Goldbarg e Ramos 1995, pp. 377-392; Melo 1996, pp. 9-22; M.A. Oliveira 1996, pp. 46-58; Ornelas 1995, pp. 133-142). O conhecimento que sustenta a competitividade e seus efeitos de desemprego estrutural é o mesmo de que necessitamos para subsidiar a cidadania capaz de se contrapor ao neoliberalismo. Educação ocupa, assim, uma posição-chave no mundo moderno, mas que é intrinsecamente dúbia. Espera-se dela algo semelhante a uma redenção histórica, o que já é paranóia total. Mas as teorias lhe reconhecem uma efetividade invejável, de estilo estratégico, que sobrepassa a própria economia (Ram 1996, pp. 839-857; Elmore 1996, pp. 1-26; Börsch-Supan 1990, pp. 39-53; Leal e Werlang 1991, pp. 559-574; Levin e Kelley 1994, pp. 97-108; Mcmahon e Boediono 1992, pp. 137-151; Ottone e Tedesco 1992; Sorensen 1994, pp. 10-35; Coming Top 1992, pp. 1-18). Seria algo tolo não aproveitar essa circunstância para valorizarmos a educação no mundo moderno, não tanto para correr no páreo da modernidade, mas sobretudo para humanizá-la (Carnoy 1992; Barros e Lam 1993, pp. 191-218; Pereira 1995).

Nesse sentido, consideramos um pecado mortal da Lei não participar dessa discussão. A omissão é puro atraso. Não é escondendo a cabeça na areia que se enfrenta o mundo moderno. Isso é tanto mais angustiante porque é cada vez maior a convicção de que estaria na educação a estratégia mais efetiva para enfrentarmos a modernidade, sobretudo no sentido de uma cidadania plantada na competência humana de manejar bem o conhecimento moderno. Assim, a falta de percepção do desafio reconstrutivo do conhecimento, com qualidade formal e política, continua uma chaga aberta na história do país (Demo 1995c).

CONCLUSÃO

Aos que reclamarem que a nova LDB precisa ser valorizada, não criticada, gostaríamos de lembrar que a única educação relevante é a crítica, porque é a única que está do lado de sujeitos históricos capazes de fazer história própria e solidária (Elliot e Filipecki 1996, pp. 263-272; Bartolome 1994, pp. 173-193).

Aos que nada vêem de bom na LDB, gostaríamos de dizer que o esforço do Senador Darcy Ribeiro, apesar dos pesares, não foi em vão. De um Congresso vetusto como o nosso, só pode sair uma lei antiquada. Mesmo assim, a Lei contém avanços ponderáveis, que permitem, sobretudo em seu senso pela flexibilidade legal, rumar para inovações importantes.

A nova Lei, infelizmente, confirma: *nosso maior atraso histórico não está na economia, reconhecida como já importante no mundo, mas na educação*. Ou resolvemos isso, ou ficaremos para trás. O resgate completo do professor básico é a premissa primeira.

BIBLIOGRAFIA

ABICALIL, C.A. "A educação no contexto atual: Reflexão sobre o ensino de 1º e 2º graus". *Educação —Revista.* 1996, pp. 18-26.

ACUÑA, C.H. e SMITH, W.C. "La economía política del ajuste estructural: La logica de apoyo y oposición a las reformas neoliberales". *Desarrollo Económico* nº 141. Abr./jun. de 1996, v. 36, pp. 355-389.

AEC. "Qualidade total na educação — A mudança conservadora". Ano 23, nº 982, jul./set. de 1994.

________. "Avaliação: Novos paradigmas". Ano 24, nº 94, jan./mar. de 1995.

________. "Educação e informática — Treinamento ou criação?". Ano 25, Nº 99 (abr./jun. de 1996).

________. "Neoliberalismo e educação". Ano 25, nº 100, jul./set. de 1996.

ALBERONI, F. *Erotismo.* Rio de Janeiro: Rocco, 1987.

________. *Enamoramento & amor.* Rio de Janeiro: Rocco, 1988.

ALBORNOZ, O. *La universidad que queremos.* Caracas: IUPC, 1985.

ALIAGA, M. "Aprendizagem interativa e trabalho em grupo — Avaliação com estratégia para a melhoria do ensino", *Ensaio —Avaliação e Políticas Públicas em Educação* nº 7. Abr./jun. de 1995, v. 3, pp. 173-184.

ALTBACH, P.G. "Higher education, democracy and development implications for newly industrialized countries", *Educación Superior y Sociedad* nº 2. Cresalc/Unesco, 1995, v. 6, pp. 5-26.

AMAR AMAR, J.J. "Calidad de vida y desarrollo infantil", *Fundación Bernard van Leer* nº 17. Haia, março de 1996.

AMARAL SOBRINHO, J. "O regime de colaboração entre municípios: Uma estratégia para administrar a escassez". *Ensaio —Avaliação e políticas públicas em educação*. Jul./set. de 1994, v. 1, pp. 53-62.

AMMANN, P. "A formação profissional na era das incertezas". *In*: *Anuário de Educação*. Rio de Janeiro: Tempo Brasileiro, 1994, pp. 51-68.

ANDERSON, P. *O fim da história —De Hegel a Fukuyama*. Rio de Janeiro: Jorge Zahar, 1992.

ANTUNES, R. *Adeus ao trabalho? — Ensaio sobre as metamorfoses e a centralidade do mundo do trabalho*. São Paulo: Cortez, 1995.

ARANTES, O.B.F. e ARANTES, P.E. *Um ponto cego no projeto moderno de Jürgen Habermas*. São Paulo: Brasiliense, 1992.

ARBIX, G. "Trabalho: Dois modelos de flexibilização". *Lua Nova —Revista de Cultura e Política* nº 37. 1996, pp.171-190.

ARMENGOL, M.C. *Universidad sin clases —Educación a distancia en América Latina*. Caracas: Universidad Nacional Abierta, 1986.

ASSIS, J.P. "Visões de futuro: Imagens da ciência". *Lua Nova —Revista de Cultura e Política* nº 37. 1996, pp. 209-228.

BAIRRÃO, J. e TIETZE, W. "Early childhood services in the European Community: Recomendations for progress". Relatório apresentado à Commission of the European Community task force human resources, education, training, and youth. Haia: Fundação Van Leer, 1993.

BARALDI, C. *Aprender —A aventura de suportar o equívoco*. Petrópolis: Vozes, 1994.

BARROS, R.P. e LAM, D. "Desigualdade de renda, desigualdade em educação e escolaridade das crianças no Brasil". *Pesquisa e Planejamento Econômico* nº 2. Ago. de 1993, v. 23, pp. 191-218.

BARTOLOME, L.I. "Beyond the methods fetish: Towards a humanizing pedagogy". *Harvard Educational Review* nº 2. 1994, v. 64, pp. 173-193.

BATOMÉ, S.P. *Pesquisa alienada e ensino alienante — O equívoco da extensão universitária*. Petrópolis: Vozes, 1996.

BERNSTEIN, B. *A estruturação do discurso pedagógico — Classe, códigos e controle*. Petrópolis: Vozes, 1996.

BERTHOLD, N. e FEHN, R. "The positive economics of unemployment and labor market inflexibility", *KYKLOS*, fasc. 4. 1996, v. 49, pp. 583-613.

BOBBIO, N. *O futuro da democracia — Uma defesa das regras de jogo*. Rio de Janeiro: Paz e Terra, 1986.

________. *A era dos direitos*. Rio de Janeiro: Campus, 1992.

BÖRSCH-SUPAN, A. "Education and its double-edged impact on mobility", *Economics of Education Review*, nº 1. 1990, v. 9, pp. 39-53.

BOURDIEU, P. e PASSERON, J.C. *A reprodução — Elementos para uma teoria do sistema educativo*. Rio de Janeiro: Francisco Alves, 1975.

BOURDIEU, P. *A economia das trocas simbólicas*. São Paulo: Perspectiva, 1987.

________. *O poder simbólico*. Lisboa: Difel, 1989.

________. *A economia das trocas lingüísticas*. São Paulo: Edusp, 1996.

BRAGA, R. e TRAMONTIM, R. "Exame dos instrumentos que regulam a expansão do ensino superior e a sua adequação às necessidades exigidas pela moderna tecnologia". *Educação Brasileira* (Revista do Crub) nº 26. Jan./jul.), 1992, v. 13, pp. 53-70.

BRASIL. Secretaria Nacional de Educação Básica. "Programa professor da pré-escola". *Cadernos SENEB* 1. Brasília: MEC, 1991a.

________. "Ensino das Humanidades: A modernidade em questão". *Cadernos SENEB* 2. São Paulo: Cortez, 1991b.

________. "O professor leigo: Institucionalizar ou erradicar?" *Cadernos SENEB* 3. São Paulo: Cortez, 1991c.

________. "Ensino médio como educação básica". *Cadernos SENEB* 4. São Paulo: Cortez, 1991d.

________. "Politecnia no ensino médio". *Cadernos SENEB* 5. São Paulo: Cortez, 1991e.

BRUM, A.J. *Unijuí — Uma experiência de universidade comunitária — Sua história, suas idéias*. Ijuí: Unijuí, 1994.

BRUNNER, J.J. "Desafíos de la globalización para la innovación y el conocimiento". *Educación Superior y Sociedad* nº 1. Cresalc, 1996, v. 7, pp. 89-96.

BUARQUE, C. *A aventura da universidade*. São Paulo: Unesp, 1994.

________. "La educación de la modernidad: Un enfoque desde Brasil". *La Piragua — Revista Latinoamericana de Educación y Política* nº 9. 2º semestre de 1994, pp. 29-41.

CALCAGNOTTO, G. "Integração e sistema de ensino superior no Mercosul — Um longo caminho a percorrer". *In*: *Anuário de Educação*. Rio de Janeiro: Tempo Brasileiro, 1994, pp. 139-154.

CANDAU, V.M. (org.). *A didática em questão*. Petrópolis: Vozes, 1990.

CARNOY, M. *Razões para investir em educação básica*. Brasília: Unicef, 1992.

CARRAHER, T. *et alii*. *Na vida dez, na escola zero*. São Paulo: Cortez, 1988.

CARRANZA, J.E. "La economía mundial y de América Latina em 1994 — Perspectivas e interrogantes para 1995". *Estudios Internacionales*. Ano XXVIII, nº 112, out./dez. de 1995, pp. 527-555.

CASASSUS, J. "Modernidade educativa e modernização educacional". *Cadernos de Pesquisa* nº 87. Nov. de 1993, pp. 5-12.

CASTRO F., J.A. "O computador na aprendizagem escolar: Fundamentos teóricos e aplicações". *AEC*. Ano 25, nº 99, abr./jun. de 1996, pp. 19-34.

CATTANI, A.D. *Trabalho & autonomia*. Petrópolis: Vozes, 1996.

CEPAL. *Equidad y transformación productiva — Un enfoque integrado.* Santiago: Cepal, 1992.

CEPAL/OREALC. *Educación y conocimiento — Eje de la transformación productiva con equidad.* Santiago: Cepal, 1992.

CHONCHOL, J. "Reflexiones sobre Chile: Hay alternativas al modelo neoliberal?" *Estudas Avançados* 10 (27). 1996, pp. 141-162.

COELHO, E.C. *A sinecura acadêmica: A ética universitária em questão.* Rio de Janeiro: Vértice, 1988.

COLCLOUGH, C. "Education and the market: Which parts of the neoliberal solution are correct?". *World Development* nº 4. 1996, v. 24, pp. 589-610.

COMING TOP. "Education". *The Economist.* Nov. de 1992, pp. 1-18.

COSTA, A.P. "Educação a distância e o argumento da solidão". *Boletim Técnico do SENAC* nº 1. Jan./abr. de 1994, v. 20, pp. 2-12.

COSTA, M.C.V. "Pesquisa em educação: Concepções de ciência, paradigmas teóricos e produção de conhecimentos". *Cadernos de Pesquisa — Fundação Carlos Chagas* nº 90. Agosto de 1994, pp. 15-20.

DALMÁS, A. *Planejamento participativo na escola —Elaboração, acompanhamento e avaliação.* Petrópolis: Vozes, 1994.

DAMÁSIO, A.R. *O erro de Descartes —Emoção, razão e o cérebro humano.* São Paulo: Companhia das Letras, 1996.

DELUIZ, N. "Formação do sujeito e a questão democrática em Habermas". *Boletim Técnico do SENAC* nº 1. Jan./abr. de 1995, v. 21, pp. 15-21.

________. "Formação do trabalhador em contexto de mudança tecnológica". *Boletim Técnico do SENAC* nº 1. Jan./abr. de 1996, v. 20, pp. 14-25.

DEMO, P. *Ciencias sociales y calidad.* Madri: Narcea, 1988.

________. *Pesquisa —Princípio científico e educativo.* São Paulo: Cortez, 1991.

________. *Cidadania menor —Algumas indicações quantitativas de nossa pobreza política.* Petrópolis: Vozes, 1992.

________. *Pesquisa e construção do conhecimento — Metodologia científica no caminho de Habermas*. Rio de Janeiro: Tempo Brasileiro, 1994.

________. *ABC — Iniciação à competência reconstrutiva do professor básico*. Campinas: Papirus, 1995a.

________. *Cidadania tutelada e cidadania assistida*. Campinas: Autores Associados, 1995b.

________. *Desafios modernos da educação*. Petrópolis: Vozes, 1995c.

________. *Educação e qualidade*. Campinas: Papirus, 1995d.

________. *Avaliação — Sob o olhar propedêutico*. Campinas: Papirus, 1996a.

________. *Educar pela pesquisa*. Campinas: Autores Associados, 1996b.

________. *Um Brasil mal-educado*. Curitiba: Champagnat, 1996c.

________. *Combate à pobreza — Desenvolvimento como oportunidade*. Campinas: Autores Associados, 1997a.

________. *Conhecimento moderno*. Brasília: UnB, 1997b, mimeo.

DIDRIKSSON, A. "Educación superior, transferencia de conocimientos y tecnologías en los procesos económicos de integración". *Educación Superior y Sociedad* nº 2. Cresalc/Unesco, 1995, v. 6, pp. 53-84.

DREIFUSS, R.A. *A época das perplexidades — Mundialização, globalização e planetarização: Novos desafios*. Petrópolis: Vozes, 1996.

DRUCK, G. e FILGUEIRAS, L. "O projeto do Banco Mundial, o governo FHC e a privatização das universidades federais". *Ceas* nº 165. Salvador, set./out. de 1996, pp. 28-42.

DUBAR, C. "La sociologie du travail face à la qualification et à la compétence". *Sociologie du Travail* 2. 1996, v. XXXVIII, pp. 179-193.

DURHAM, E.R. e SCHWARTZMAN, S. (orgs.). *Avaliação do ensino superior*. São Paulo: Edusp, 1992.

EHRENBERG, R.G. e BREWER, D.J. "Do school and teacher characteristics matter? — Evidence from high school and behind". *Economics of Education Review* nº 1. 1994, v. 13, pp. 1-17.

EISEMON, T.O. *The consequences of schooling: A review of research on the outcomes of primary schooling in developing countries*. Quebec: McGill University, 1988.

ELLIOT, L.G. e FILIPECKI, A.T. "Ensinando e avaliando o pensamento crítico". *Ensaio —Avaliação e Políticas Públicas em Educação* nº 8. Jul./set. de 1996, v. 3, pp. 263-272.

ELMORE, R.F. "Getting to scale with good educational practice". *Harvard Educational Review* nº 1. 1996, v. 66, pp. 1-26.

FALCÃO FILHO, J.L.M. "A avaliação dos avaliadores", *Ensaio —Avaliação e Políticas Públicas em Educação* nº 6. Jan./mar. de 1995, v. 3, pp. 73-78.

FÁVERO, M.L.A. *Universidade & poder —Análise crítica/fundamentos históricos: 1930-45*. São Paulo: Achiamé, 1980.

FERRETTI, C.J. *et alii*. "Escola pública de tempo integral: o PROFIC na rede estadual de São Paulo". *Cadernos de Pesquisa* 76. Fev. de 1991, pp. 5-17.

FIRME, T.P. "Avaliação: Tendências e tendenciosidades". *Ensaio —Avaliação e Políticas Públicas em Educação*, Jan./mar. de 1994, v. 1, pp. 5-12.

________. "Mitos na avaliação: Diz-se que...". *Ensaio —Avaliação e Políticas Públicas em Educação* nº 1. Out./dez. de 1994, v. 2, pp. 57-62.

FLETCHER, P.R. "A teoria da resposta ao item: Medidas invariantes do desempenho escolar", *Ensaio —Avaliação e Políticas Públicas em Educação*. Jan./mar. de 1994, v. 1, pp. 21-28.

FLORES, F. *Inventando la empresa del siglo XXI*. Santiago: Domen, 1996.

FONTANA, R.C. *Mediação pedagógica na sala de aula*. São Paulo: Cortez, 1996.

FREI BETTO. "Neoliberalismo — A nova face do capitalismo". *AEC*. Ano 25, nº 98, jan./mar. de 1996, pp. 12-23.

FREITAS, L. *A produção de ignorância na escola*. São Paulo: Cortez, 1988.

FRIGOTTO, G. *A produtividade da escola improdutiva*. São Paulo: Cortez, 1989.

FUNDAÇÃO CESGRANRIO. *Simpósio Nacional sobre Avaliação Educacional: Uma reflexão crítica —Anais*. Rio de Janeiro: Fundação Cesgranrio, 1994.

GAETANI, F. e SCHWARTZMAN, J. "Indicadores de produtividade nas universidades federais". *Educação Brasileira* (Revista do Crub). Jul./dez. 1990), v. 12, pp. 81-104.

GANDIN, D. e CRUZ, C.H.C. *Planejamento na sala de aula*. Porto Alegre: s. ed., 1995.

GANDIN, L.A. "Reflexões em torno do uso de computadores em educação". *AEC*. Ano 25, nº 99, abr./jun. de 1996, pp. 9-18.

GARDNER, H. *Estruturas da mente —A teoria das inteligências múltiplas*. Porto Alegre: Artes Médicas, 1994.

GENTILI, P. (org.). *Pedagogia da exclusão —Crítica ao neoliberalismo em educação*. Petrópolis: Vozes, 1995.

GENTILI, P.A.A. e SILVA, T.T. (orgs.). *Neoliberalismo, qualidade total e educação —Visões críticas*. Petrópolis: Vozes, 1995.

GIANNOTTI, J.A. *A universidade em ritmo de barbárie*. São Paulo: Brasiliense, 1986.

GOLDBARG, M.C. e RAMOS, I.C.O. "Reflexões sobre a aplicação do modelo de qualidade total ao processo de acesso ao ensino superior". *Ensaio — Avaliação e Políticas Públicas em Educação*. Out./nov. de 1995,v. 3, pp. 377-392.

GOLEMAN, D. *Inteligência emocional —A teoria revolucionária que redefine o que é ser inteligente*. Rio de Janeiro: Objetiva, 1996.

GÓMEZ, R.R. "Universidad y globalización en América Latina", *Educación Superior y Sociedad* nº 2. Cresalc/Unesco. 1995, v. 6, pp. 143-158.

GRINSPUM, M.P.S.Z. "Paradigmas em educação: Avaliação e perspectivas". *Ensaio —Avaliação e Políticas Públicas em Educação*. Jan./mar. de 1994, v. 1, pp. 29-40.

GROSSI, E.P. *Didática do nível alfabético*. Rio de Janeiro: Paz e Terra, 1990a.

________. *Didática do nível pré-silábico*. Rio de Janeiro: Paz e Terra, 1990b.

________. *Didática do nível silábico*. Rio de Janeiro: Paz e Terra, 1990c.

________. "O construtivismo pós-piagetiano em sala de aula: Um modelo que merece divulgação". *In: Anuário de Educação*. Rio de Janeiro: Tempo Brasileiro, 1994, pp. 285-302.

GROSSI, E.P. e BORDIN, J. (orgs.). *Construtivismo pós-piagetiano — Um novo paradigma sobre aprendizagem*. Petrópolis: Vozes, 1993a.

________. Paixão de aprender. Petrópolis: Vozes, 1993b.

GURGEL, R.M. *Extensão universitária — Comunicação ou domesticação*. São Paulo: Cortez, 1986.

HABERMAS, J. *Consciência moral e agir comunicativo*. Rio de Janeiro: Tempo Brasileiro, 1986.

________. *Vorstudien und Ergänzungen zur Theorie des kommunikativen Handelns*. Frankfurt: Suhrkamp, 1989.

HOFFMANN, J. *Avaliação — Mito & desafio — Uma perspectiva construtivista*. Porto Alegre: Educação e Realidade, 1991.

INGRAM, D. *Habermas e a dialética da razão*. Brasília: UnB, 1994.

IPEA/PNUD. *Relatório sobre o desenvolvimento humano no Brasil — 1996*. Brasília: Ipea, 1996.

JAMESON, F. *Pós-modernismo — A lógica cultural do capitalismo tardio*. São Paulo: Ática, 1996.

KAMENS, D.H.; MEYER, J.W. e NEVAVOT, A. "Worldwide patterns in academic secondary education curricula", *Comparative Education Review* nº 2. Maio de 1996, v. 40, pp. 116-138.

KENNEDY, P. *Preparando o século XXI*. Rio de Janeiro: Campus, 1993.

KIPNIS, B. e BAREICHA, P.S. "Avaliação de cursos e gestão do ensino de graduação em universidades; um estudo de tendência". *Ensaio — Avaliação e Políticas Públicas em Educação*. Out./nov. de 1995, v. 3, pp. 365-376.

KLEIN, M.H.C. "O agir comunicativo como possibilidade no processo da avaliação emancipatória", *Ensaio — Avaliação e Políticas Públicas em Educação*. Jul./set. de 1994, v. 1, pp. 75-82.

KLEIN, R. e RIBEIRO, S.C. "A pedagogia da repetência ao longo das décadas", *Ensaio —Avaliação e Políticas Públicas em Educação* nº 6. Jan./mar. de 1995, v. 3, pp. 55-62.

LABARCA, G. "La formación de habilidades básicas y la capacitación para el trabajo productivo". *Revista de la CEPAL* 59. Ago. 1996, pp. 53-70.

LAJONQUIÈRE, L. *De Piaget a Freud —A (psico)pedagogia entre o conhecimento e o saber*. Petrópolis: Vozes, 1993.

LEAL, C.I.S. e WERLANG, S.R.C. "Retornos em educação no Brasil: 1976/89", *Pesquisa e Planejamento Econômico*. Dez. de 1991, v. 21, pp. 559-574.

LEVIN, H.M. e KELLEY, C. "Can education do it alone?" *Economics of Education Review* nº 2. 1994, v. 13, pp. 97-108.

LÉVY, P. *As tecnologias da inteligência —O futuro do pensamento na era da informática*. São Paulo: Editora 34, 1995.

LÉVY, P. e AUTHIER, M. *As árvores de conhecimento*. São Paulo: Escuta, 1995.

LIBÂNEO, J.C. *Didática*. São Paulo: Cortez, 1991.

LIMA, A.O. *Avaliação escolar —Julgamento x construção*. Petrópolis: Vozes, 1994.

LIMA, L.C. e ROCHA, R.A.M. "Crônica sobre a inutilidade de um dilema pedagógico: Giz ou computador?". *AEC*. Ano 25, nº 99. Abr./jun. de 1996, v. 7, pp. 71-98.

LINDO, A.P. "El currículo universitario frente a los cambios en los sistemas de ideas e creencias", *Educación Superior y Sociedad* nº 1, Cresalc, 1996, v. 7, pp. 73-88.

LINHARES, C.F. e GARCIA, R.L. (orgs.). *Dilemas de um final de século: O que pensam os intelectuais*. São Paulo: Cortez, 1996.

LOJIKINE, J. *A revolução informacional*. São Paulo: Cortez, 1995.

LUCKESI, C. *et alii*. *Fazer universidade: Uma proposta metodológica*. São Paulo: Cortez, 1991.

LUCKESI, C.C. *Avaliação da aprendizagem escolar*. São Paulo: Cortez, 1995.

LÜDKE, M. "Combinando pesquisa e prática no trabalho e na formação de professores". *ANDE — Revista da Associação Nacional de Educação*. Ano 12, nº 19, 1993, pp. 31-38.

________. "Formação de professores e avaliação". *Ensaio —Avaliação e Políticas Públicas em Educação* nº 8. Jul./set. de 1996),v. 3, pp. 331-336.

LYOTARD, J.-F. *La condición postmoderna —Informe sobre el saber*. Madri: Catedra, 1989.

MACHADO, E.C. "A produção de *software* para educação". *Revista Brasileira de Estudos Pedagógicos* 162. Mai./ago. de 1988, pp. 344-350.

MARKERT, W. "Mudanças qualificacionais, formação profissional e politécnica na Alemanha — Contribuição para o relacionamento entre educação geral e formação profissional". *Tempo Brasileiro* 105. Abr./jun. de 1991, pp. 87-114.

MARKERT, W. (org.). *Teorias de educação do Iluminismo. Conceitos de trabalho e do sujeito*. Rio de Janeiro: Tempo Brasileiro, 1994.

________. *Trabalho, qualificação e politecnia*. Campinas: Papirus, 1996.

MARQUES, M.O. *Universidade emergente —O ensino superior brasileiro em Ijuí, de 1957 a 1983*. Ijuí: Unijuí, 1984.

MATURANA, H. e VARELA, F. *De máquinas y seres vivos —Autopoiesis: La organización de lo vivo*. Santiago: Editorial Universitaria, 1995a.

________. *El árbol del conocimiento*. Santiago: Editorial Universitaria, 1995b.

MCMAHON, W.W. e BOEDIONO. "Universal basic education: An overall strategy of investment priorities for economic growth". *Economics of Education Review* nº 2. 1992, v. 11, pp. 137-151.

MEC. "Subsídios para uma proposta de atenção integral à criança em sua dimensão pedagógica". *Série Institucional 3*. Brasília: MEC, 1994.

MEER, R. e WIELERS, R. "Educational credentials and trust in the labor market", *KYKLOS — Internationale Zeitschrift für Sozialwissenschaften*, fasc. 1. 1966, v. 49, pp. 29-46.

MELO, Z.F. "A falácia do discurso neoliberal". *AEC*. Ano 25, nº 100, jul./set. de 1996, pp. 9-22.

MINOGUE, K. *O conceito de universidade*. Brasília: Universidade de Brasília, 1981.

MIZALA, A. e ROMAGUERA, P. "Capacitación y caracteristicas educacionales de la fuerza de trabajo". *Colección Estudos CIEPLAN*, nº 43 (número especial, set. de 1996), pp. 101-141.

________. "Flexibilidad del mercado del trabajo: El impacto del ajuste y los requisitos del crecimiento economico". *Colección Estudos CIEPLAN*, nº 43 (número especial, set. de 1996), pp. 15-48.

MOLINA, I. "Internacionalización de la investigación y desarrollo". *Educación Superior y Sociedad* nº 2. Cresalc/Unesco, 1995, v. 6, pp. 85-111.

OFFE, C. *Problemas estruturais do Estado capitalista*. Rio de Janeiro: Tempo Brasileiro, 1984.

________. *Trabalho & sociedade — Problemas estruturais e perspectivas para o futuro da sociedade do trabalho*. Rio de Janeiro: Tempo Brasileiro, 1989 e 1991, 2v.

_______. *Capitalismo desorganizado*. São Paulo: Brasiliense, 1995.

OLIVEIRA, J.B.A. "Repensando o ensino de segundo grau: Subsídios para discussão". *Ensaio —Avaliação e Políticas Públicas em Educação* nº 8. Jul./set. de 1996, v. 3, p. 285-312.

OLIVEIRA, J.B.A. e CHADWICK, C.B. *Tecnologia educacional — Teorias da instrução*. Petrópolis: Vozes, 1988.

OLIVEIRA, M.A. "A globalização e a problemática do Terceiro Mundo". *AEC*. Ano 25, nº 100, jul./set. de 1996, pp. 46-58.

OLIVEIRA, V.B. e BOSSA, N.A. (orgs.). *Avaliação psicopedagógica da criança de zero a seis anos*. Petrópolis: Vozes, 1996.

ORNELAS, C. "Globalización y conocimiento: Nuevos desafíos para las universidades latinoamericanas". *Educación Superior y Sociedad* nº 2. Cresalc/Unesco, 1995, v. 6, pp. 133-142.

OTTONE, E. e TEDESCO, J.C. "Educación y conocimiento: Eje de la transformación productiva con equidad". V Seminario de la Comisión "Educación y Sociedad" — Clacso. Caracas, 19-21 de maio de 1992, 7pp., mimeo.

PAIM, S. "Educar é ensinar a pensar". *Nova Escola*. Out. de 1993, pp. 20-24.

PAIVA, V. "Produção e qualificação para o trabalho". *In*: M.L. Franco e D. Zibas (orgs.). *Desafios da educação na América Latina*. São Paulo: Cortez, 1991, pp. 95-122.

PAPERT, S. *A máquina das crianças — Repensando a escola na era da informática*. Porto Alegre: Artes Médicas, 1994.

PARO, V.H. *et alii*. *Escola de tempo integral —Desafio para o ensino público*. São Paulo: Cortez, 1988.

PENIN, S.T. S. *A aula: Espaço de conhecimento, lugar de cultura*. Campinas: Papirus, 1994.

PENIN, S.T.S. "A professora e a construção do conhecimento sobre o ensino". *Cadernos de Pesquisa* nº 92. Fev. 1995, pp. 5-15.

PENTEADO, S.A.T. *Participação na universidade —Retrato em preto e branco*. São Paulo: Pioneira, 1991.

PEREIRA, E.B. *Financiamento da educação no Brasil —1990-1993*. Brasília: Ipea, 1995, 96pp, mimeo.

PNUD/ONU. *1990 ... 1996. Human development report*. Nova York: ONU.

PORTOCARRERO, V. (org.). *Filosofia, história e sociologia das ciências — Abordagens contemporâneas*. Rio de Janeiro: Fiocruz, 1996.

PRIGOGINE, I. *O fim das certezas —Tempo, caos e as leis da natureza*. São Paulo: Unesp, 1996.

QUEIROZ, D.M. "Qualificação e educação". *Boletim Técnico do SENAC* nº 1. Jan./abr. de 1996, v. 20, pp. 26-32.

RAM, R. "Level of development and rates of return to schooling: Some estimates from multicountry data", *Economic Development and Cultural Change*. 2º semestre de 1996, pp. 839-857.

RAMOS, C. *Sala de aula de qualidade total*. Rio de Janeiro: Qualitymark, 1995.

RÉGNIER, E.M. "Educação/formação profissional: Para além dos novos paradigmas". *Boletim Técnico do SENAC* nº 1. Jan./abr. de 1995, v. 21, pp. 3-13.

RIFKIN, J. *Fim dos empregos — O declínio inevitável dos níveis dos empregos e a redução da força global de trabalho*. São Paulo: Makron Books, 1996.

RIZZO, G. *Jogos inteligentes — A reconstrução do raciocínio na escola natural*. s.l.: Bertrand Brasil, 1996.

RODRIGUES, A.D. *Comunicação e cultura —A experiência cultural na era da informação*. Lisboa: Presença, 1994.

SANT'ANNA, I.M. *Por que avaliar? Como avaliar?* Petrópolis: Vozes, 1995.

SCHAFF, A. *A sociedade informática*. São Paulo: Unesp/Brasiliense, 1995.

SCHIMANK, U. "La recherche pour la recherche et la recherche pour la société — La recherche publique allemande est-elle autonome?". *Sociologie du Travail* 3. 1996,v. XXXVIII, pp. 279-292.

SCHWARTZMAN, J. "Dificuldades e possibilidades de se construir um *ranking* para as universidades brasileiras", *Ensaio —Avaliação e Políticas Públicas em Educação* nº 6. Jan./mar. de 1995, v. 3, pp. 5-28.

SCHWARTZMAN, S. *Ciência, universidade e ideologia —A política do conhecimento*. Rio de Janeiro: Zahar, 1981.

SILVA, C.S. *Medidas e avaliação em educação*. Petrópolis: Vozes, 1992.

SILVA, E.T. *O professor e o combate à alienação imposta*. São Paulo: Cortez, 1991.

________. *Magistério e mediocridade*. São Paulo: Cortez, 1992.

SILVA, J.F.; MONTEIRO, M.C.A.P. e ROSA, S.P.S. "Universidades públicas — Situação atual das licenciaturas: Entre a renovação e a reinvenção. *Ensaio —Avaliação e Políticas Públicas em Educação* nº 7. Abr./jun. de 1995, v. 3, pp. 201-238.

SILVA, T.M.N. *A construção do currículo na sala de aula: O professor como pesquisador*. São Paulo: EPU, 1990.

SORENSEN, C.W. "Success and education in South Korea". *Comparative Education Review* nº 1. 1994, v. 38, pp. 10-35.

TEIXEIRA, F.J.S. e OLIVEIRA, M.A. (orgs.). *Neoliberalismo e reestruturação produtiva —As novas determinações do mundo do trabalho*. São Paulo: Cortez, 1996.

TENÓRIO, R.M. "O computador e o moinho". *AEC*. Ano 25, nº 99, abr./jun. de 1996, pp. 51-70.

TOURAINE, A. *O que é democracia?* Petrópolis: Vozes, 1996.

VALLIN, C. "O que é a informática na escola". *AEC*. Ano 25, nº 99, abr./jun. de 1996, pp. 35-50.

VASCONCELLOS, C.S. *Construção do conhecimento em sala de aula*. São Paulo: Libertad, 1995.

VEIGA, I.P.A. (org.). *Repensando a didática*. Campinas: Papirus, 1993.

VYGOTSKY, L. *A formação social da mente*. São Paulo: Martins Fontes, 1989a.

________. *Pensamento e linguagem*. São Paulo: Martins Fontes, 1989b.

WACHOWICZ, L.A. *O método dialético na didática*. Campinas: Papirus, 1989.

WAISELFISZ, J. "Sistemas de avaliação do desempenho escolar e políticas públicas", *Ensaio — Avaliação e Políticas Públicas em Educação*. Dez. de 1993, pp. 5-22.

WERNECK, H. *Se você finge que ensina, eu finjo que aprendo*. Petrópolis: Vozes, 1993.

________. *Prova, provão — Camisa-de-força da educação*. Petrópolis: Vozes, 1995.

WINOGRAD, T. e FLORES, F. *Understanding computers and cognition: A new foundation for design*. Norwood, New Jersey: Ablex Publishing Corporation, 1986.

XAVIER, D. e MARQUES, N.J.L. "Análise do ciclo básico na rede municipal de educação de Belém — 1992-1994". Série Pesquisa, Realidade Educacional, Semec/Núcleo Setorial de Planejamento, nº 5, 1996.

Impressão e acabamento
Gráfica e Editora FCA
Tel. (011) 419-0200